Series in Accounting Experiment of Beijing Technology & Business University
北京工商大学会计实验系列教材

初级会计实验教程

◎柯　剑／主编

ChuJi KuaiJi ShiYan JiaoCheng

经济科学出版社
Economic Science Press

图书在版编目（CIP）数据

初级会计实验教程/柯剑主编．—北京：经济科学出版社，2008.10
（北京工商大学会计实验系列教材）
ISBN 978－7－5058－7579－1

Ⅰ．初…　Ⅱ．柯…　Ⅲ．会计学－高等学校－教材
Ⅳ．F230

中国版本图书馆 CIP 数据核字（2010）第 152407 号

责任编辑：莫霓舫
责任校对：杨　海　远瑞华
版式设计：代小卫
技术编辑：李　鹏

初级会计实验教程
柯　剑　主编
经济科学出版社出版、发行　新华书店经销
社址：北京市海淀区阜成路甲 28 号　邮编：100142
总编部电话：88191217　发行部电话：88191540
网址：www.esp.com.cn
电子邮件：esp@esp.com.cn
固安华明印刷厂印装
880×1230　32 开　4.875 印张　100000 字
2008 年 10 月第 1 版　2011 年 1 月第 2 次印刷
印数：4001－7000 册
ISBN 978－7－5058－7579－1/F·6830　定价：11.00 元

总序

会计学属于应用型的经济管理学科，它不仅有独立完整的理论体系，而且有科学严格的操作规范。如何使学生在校学习期间更多地进行专业实验，不断地把所学的专业理论知识和基本原理、方法应用于实践活动中，在毕业进入工作岗位之前就具有基本的处理日常经济业务的能力，这是多年来普通高校经济与管理类专业本科教学中面临的一个难题。虽然我们很早(20世纪80年代中期）就建立了会计手工模拟实验室，但实验在一定程度上受规模小、时间短的限制。为了实现培养适应社会主义市场经济需要的复合型、应用型人才的专业培养目标，从2004年开始，我们在会计学专业实验教学方面进行了多方探索与尝试，具体从改革专业培养方案开始，强化了对会计学、财务管理专业的实验与实践教学。目前，会计学、财务管理专业在学校文科实践中心开设了《初级会计实验》、《中级会计实验》、《企业资源规划实践》、《财务诊断与决策实验》、《审计实战模拟》、《管理会计与控制实验》、《企业竞争模拟》、《计算机会计》等8门专业实验课，内容涉及基础实验、综合实验与创新实验三个层次，并从2004级开始列入专业培养方案，对学生实施系统的专业实训。实验教学作为现行教学模式的创新，实现了以“教”为主向以“学”为主的教学模式的转变，学生也由原来的“被动接受知识”变为“主动实验”。2005~2007年，我们的学生在“全国大学生ERP

沙盘模拟大赛”与“全国 MBA 培养院校企业竞争模拟大赛冠军”等多项比赛中屡屡夺冠，正是得益于全面进行实验教学的举措。

教学离不开教材，实验教学亦如此。经过数轮实验及其摸索，我们各实验课的任课教师精心设计、编写了本套实验教材，由于这套教材与我们的专业实验课一一对应，从而形成“会计学专业实验系列教材”。其特点是：

1. 实验内容的系统性。实验课在学生学习理论课相关知识要求的基础上开设，但实验课不是理论课内容的简单模拟或操作，实验内容应讲究层次性。即：既要进行基础性实验，如《初级会计实验》、《中级会计实验》；也要有综合性实验课，如《审计实战模拟》、《管理会计与控制实验》；还要有创新性实验，如《企业资源规划模拟》等。此外，实验课不仅模拟业务的核算，企业生产经营的环境也非常重要，上述理念已在我们的实验教材中得到了充分反映。

2. 知识的科学性与综合性。每门课都有科学的知识体系与内容构架，有具体业务处理的科学技术与方法。本教材编写过程中，我们要求就重点内容进行实验，反映本课程的知识点、重点、难点。综合性实验或创新性实验，要融合本专业和相关学科知识，要求和难度更高。从综合性来看，强调知识的综合应用是本套教材的又一特点。

3. 可操作性与团队意识。实验课及其教材的目的是培养学生的动手能力、对知识的综合运用能力，最终提高学生的决策与创新能力，实验内容无疑以可操作性为前提。无需操作或不能操作的内容，应在理论课堂教学中完成。

4. 寓教于乐。实验课在实验室轻松愉快的气氛中进行，有的还含有游戏成分，因此颇受欢迎。爱因斯坦曾说过：“兴趣是最好的老师。”我们的课堂教学也在强调调动学生的学习积极性。实验教学打破了传统教学模式，从教学“工艺设计”

上要效益，以全新的观念开展教学活动，让学生像投入游戏那样投入学习。

我们的专业实验教学一路走来，得到学校及其他方面的大力支持。本套教材作为2007年度北京市教委重点教改课题《会计学专业实验课程建设探讨》的主要成果，我们将其献给一直关心、支持会计学专业实验教学并为之努力的同仁。

实验教学为学生搭建了教学互动平台，还教学以“学”为主的本源。这种教学模式的创新，充分体现了深化教育改革、根据社会需要培养人才、开拓创新的理念。

实验是大学本科教学的重中之重，我们虽然进行了一些探索，但要走的路还很长。

北京工商大学会计实验系列教材编委会

2008年3月

前言

会计学是应用科学，会计理论和核算方法需要通过一定的实际操作性训练才能更好地理解和掌握。为了提高对会计原理的感性认识，帮助学生在进入会计工作岗位之前接触一定的会计实务，《初级会计实验教程》设计了企业模拟会计业务实训。

本教程是2007年度北京市教委重点教改课题《会计学专业实验课程建设探讨》的主要成果之一，也是2007年度北京工商大学教材建设资助项目之一。全书涵盖了基础会计工作的主要内容，各章之间相对独立，同时又有着内在的联系。在实验教学过程中，使用者可以根据自己教学单位的实验教学大纲要求加以选择，既可以有针对性地选择某一项会计工作技能单独训练，也可以选择最后的综合实验进行基础会计工作的全面实践。

本教程按照2006年颁布的《企业会计准则》的要求进行设计，同时结合了新修订的劳动法等法规的最新要求，实验内容充分体现了会计核算工作的合法性和培养应用型人才的教育目标。教程中出现的原始凭证是当前会计工作实务的高度仿真，其中所提到的企业机构的名称纯属虚构，所用图章均已注明是设计的实习图章。

本教程适合会计、财务、工商管理等专业的本科生使用，同时也可以作为自学会计原理相关课程的配套实践教程。

参加本书编写工作的有：柯剑（主编，执笔第四章、第六章，负责全书的总纂）、王简（执笔第一章）、谢萍（执笔第二章、第五章）、王纪平（执笔第三章）。感谢欧阳爱平教授对本书大纲提出的建设性意见，感谢王安、窦颖超为本教程所做的大量辅助性工作。

由于编写时间和作者水平的限制，难免有不当和错误之处，恳请读者批评指正。

编者

2008 年 7 月

目录

Contents

第一章 实验总论

本实验课程需在学习《会计学原理》理论课的基础上开设，主要进行经济业务手工处理的全方位模拟，包括填制与审核会计凭证、登记会计账簿、编制财务报表等。通过实验，使学生把初学的会计学基本原理、方法应用于实践活动中，这一方面能提高学生对会计实务处理的感性认识与具体操作能力；另一方面，又增强了学生对所学理论知识的理解，为后续实验课程及今后学习与工作打下基础，使学生在毕业进入工作岗位之前就具备基本的处理日常经济业务的能力。

一、实验的基本要求和主要内容

（一）实验的基本要求

通过该实验，培养学生实际应用会计核算方法的技能，实验要求主要包括：

（1）能够辨析模拟企业的经济管理背景资料，从而判断和选择相应的会计政策，以及采用恰当的内部会计核算方法。

（2）根据提供的模拟企业发生的经济业务以及原始资料，填制收款凭证、付款凭证和转账凭证，将相应的原始凭证附于记账凭证之后，掌握经济业务的会计处理和复式记账凭证的填制方法。

（3）根据提供的模拟企业的前期会计资料，开设库存现金日记账、银行存款日记账、明细分类账，将期初余额记入各有关账户。必要时，应根据经济业务的发生情况增设相应账户。

（4）根据收款凭证、付款凭证登记库存现金日记账和银行存款日记账以及相关的明细分类账，根据转账凭证登记有关明细分类账，熟悉和掌握日记账、明细分类账的登记方法。

（5）根据提供的模拟企业的前期会计资料，开设总分类账，将期初余额记入各有关账户。必要时，应根据经济业务的发生情况增设相应账户。

（6）根据收款凭证、付款凭证和转账凭证以及有关的原始凭证定期编制科目汇总表，并进行试算平衡；根据科目汇总表登记总分类账，熟悉和掌握科目汇总表账务处理程序。

（7）根据各账户的本期发生额和期末余额，将库存现金日记账、银行存款日记账和明细分类账分别与总分类账进行核对，掌握对账、查账以及错账更正的方法。

（8）根据明细分类账和总分类账等资料，编制财务报表，掌握财务报表的编制方法。

（9）将记账凭证加具封面，装订成册，归档保管。

（二）实验的主要内容

初级会计实验的内容设计，主要围绕会计学原理课程展开，核心思想包括：训练学生准确识别原始凭证和熟练填制记账凭证的能力；正确开设和登记各种日记账簿、分类账簿，领悟账簿之间的勾稽关系和平行登记的方法；训练学生至少完成一种账簿登记程序的全过程，并且能够掌握试算平衡的方法；最终能够完成简单经济业务的会计循环，编报基本的财务报表。因此，初级会计实验的内容相应分为四个模块：原始凭证的填制、记账凭证的填制、账簿的登记和财务报表的编制。本教程在设计训练各模块单项实验能力的基础上，又提供了一个相对完整的会计循环模拟，力求使学生在各专项训练技能掌握的基础上提高会计核算的综合应用技能。

1. 填制原始凭证的实验模块

通过实验使学生了解主要原始凭证的基本形式，掌握企业会计日常工作中基本的原始凭证的填制方法。

2. 填制复式记账凭证的实验模块

通过实验，使学生了解各种不同经济业务应填制或取得的原始凭证，掌握复式记账凭证的填制方法。实验内容包括：根据实验资料，即经济业务的原始凭证，填制各种复式记账凭证。实验程序包括：识别各种原始凭证，在审核原始凭证的基础上，正确填制各种复式记账凭证；将填制的记账凭证及所附原始凭证装订成册。

3. 登记账簿的实验模块

账簿的登记分为：日记账和明细分类账的登记、总分类账的登记。通过实验，使学生掌握三栏式现金日记账、银行存款日记账和明细分类账的登记方法。实验内容和程序包括：根据实验材料所列企业经济业务所完成的相应记账凭证，登记现金日记账、银行存款日记账和明细分类账，并且掌握平行登记的方法，训练完成总分类账的基本登记方法。为了提高学生对总分类账登记方法的认识，在综合实验中还设计了科目汇总表账务处理程序的实验内容，通过实验，使学生掌握科目汇总表的编制及总分类账户的登记方法。

4. 编制财务报表的实验模块

通过实验，使学生初步掌握资产负债表、利润表的编制原理和方法。

二、实验实施程序指引

（一）实验实施程序

实验分为三个阶段，即指导准备阶段、操作阶段、整理小结阶段。

1. 指导准备阶段

在实验的指导准备阶段要做好以下几项工作：

（1）指导教师阐述实验的目的与意义。

（2）指导教师讲解实验的方法和要求，着重讲解企业基本核算业务在会计循环中的运用，使学生熟悉和掌握简单会计循环的基本步骤。

（3）指导教师讲解实验的有关资料和经济业务内容。

（4）指导教师讲明实验的步骤、时间安排、成绩考核办法以及实验所用工具、凭证、账簿、报表等，让学生做好实验的充分准备。

2. 实验操作阶段

（1）完成各专项实验的专题训练。

（2）按步骤进行综合实验的总体训练。

3. 整理小结阶段

对所填制的凭证、登记的账簿、编制的财务报表进行整理，并装订成册；对实验情况进行小结和评价，总结经验，找出不足，写出实验报告。

（二）实验完成方式

（1）实验可以分小组进行。根据企业会计实务所设会计岗位的需要，每小组暂定 5 人。

（2）组内按会计岗位分工，共 5 个岗位，分别是：编制记账凭证、登记日记账和明细分类账、审核凭证及编制试算平衡表、登记总账、编制财务报表。

（3）实验结束，按每个会计岗位的完成情况，结合小组综合表现评定课程成绩。

（4）本实验课程的综合实验可以要求在 16 课时内完成，每个模块均为 4 课时。

（三）实验评分标准

采取百分制的方式评定成绩。具体分值分配标准为：

（1）实验态度是否认真，比重20%；

（2）实验操作是否规范，比重20%；

（3）实验过程及结果是否正确，比重50%。

（4）实验报告是否严谨，比重10%。

三、企业会计实务基础技能介绍

（一）会计书写要求

会计书写要求是指会计人员在反映经济业务活动的过程中，对记录的数字和文字书写规范化及书写方法的要求。会计工作离不开书写，规范化书写也是衡量一个会计人员素质高低的标准。

会计书写的内容由阿拉伯数字的书写、数字大写及汉字书写等部分构成。在一些企业里，有时需用外文记账，外文字母的书写也应当规范。

1. 书写的基本要求

会计书写的基本要求是：正确、规范、清晰、整洁、美观。

（1）正确。指对经济业务发生过程中的数字和文字要准确、完整地记录下来。

（2）规范。指对有关经济活动的记录书写一定要符合国家财经法规和会计制度的规定。无论是记账、核算、分析，还是编制财务报告，都要严格按书写规范书写，文字以国务院公布的简化汉字为标准，数字按要求书写。

（3）清晰。指字迹清楚，容易辨认，账目条理清晰，使人一目了然，无模糊不清现象。

（4）整洁。指账面干净、清洁，文字、数字、表格条理清晰，整齐分明。书写字迹端正，大小均匀，无参差不齐及涂改现象。

（5）美观。尽量使结构安排合理，字迹流畅、大方，给人以美感。

会计工作人员一般都要有两枚名章，一枚方形姓名章，用于原始凭证、记账凭证、财务报表等指定位置的签章；另一枚为小长方形姓名章，用于更正数字。在凭证、账簿、报表上盖名章时，一般用红色印泥。在各种会计资料上签名时，要签姓名全称。

2. 数字书写的要求

（1）高度。每个数字要紧贴底线书写，其高度占全格的1/3。除6、7、9外，其他数字高低要一致。“6”的上端比其他数字高出1/4，“7”和“9”的下端比其他数字伸出1/4。

（2）角度。各数字的倾斜度要一致，一般要求上端向右倾斜（40°～50°）。

（3）间距。每个数字要大小一致，数字排列应保持同等距离，每个字上下左右要对齐。在印有数位线的凭证、账簿、报表上，每一格只能写一个数字，不得几个字挤在一个格里，也不得在数字中间留有空格。

（4）要保持个人的独特字体和本人的书写特色，使别人难以模仿或涂改。另外，不要把“0”和“6”、“1”和“7”、“3”和“8”、“7”和“9”写混。

（5）数字书写错误一般采用画线更正法。如写错一个数字，不论在哪位，一律用红线全部画掉，在原数字的上边对齐原位写上正确数字。

3. 文字书写的基本要求

（1）简明、扼要、准确。指用简短的文字把经济业务发生的内容表述清楚，在有格式限制的情况下，文字数目多少，要以写满但不超出该栏为限。

（2）字迹工整清晰。指书写时用正楷或行书，不能用草书；不宜过大，一般上下要留空隙，也不宜过小；不能过于稠密，要适当留字距；不能写得大小不一。

（3）摘要简练、准确。文字书写中一部分是摘要的书写，包括记账凭证的摘要、各种账簿的摘要。摘要是记录经济业务的简要内容，填写时应用简明扼要的文字反映经济业务概况。摘要书写的一般要求是：①以原始凭证为依据；②正确反映经济业务的内容；③文字少而精，说明主要问题；④书写字体占格的1/2为宜。

（4）数字大写的基本要求。

① 大写金额前要冠以“人民币”字样，“人民币”与金额首位数字之间不留空位，数字之间更不能留空位，写数与读数顺序要一致。

② 人民币以元为单位，元后无角分的需要写“整”字。如果到角为止，角后也可以写“整”字；如果到分为止，分后不写“整”字。

③ 金额数字中间连续几个“0”字时，可只写一个“零”字。如600. 8元，应写作“人民币陆佰元零捌角整”。

（二）会计凭证的填制

1. 原始凭证填制要求

根据《中华人民共和国会计法》（以下简称《会计法》）和《会计基础工作规范》的规定，填制、取得原始凭证应符合以下要求。

（1）反映真实。在填制原始凭证时，应使凭证上所记载内容同发生经济业务的实际情况保持一致，即凭证上的日期、经济业务内容和数据必须按照经济业务的实际发生或完成情况来填制，保证其真实、可靠，不得填写匡算或估计数。原始凭证作为具有法律效力的证明文件，不允许在原始凭证的填制中有任何歪曲和弄虚作假行为。

（2）内容完整。原始凭证上，按照凭证已有的项目或内容，逐项填列，即应该填写的项目要逐项填写，不可缺漏；年、月、日要按照填制原始凭证的实际日期填写；名称要写全，不能简化；品名或摘要填写明确；有关人员的签章必须齐全。

（3）手续完备。经办业务的单位、经办人员要对原始凭证认真审核并签章，以对凭证的真实性、合法性负责。按规定，从外单位取得的原始凭证，必须盖有填制单位的公章；从个人取得的原始凭证，必须有填制人员的签名或者盖章。自制原始凭证必须有经办部门负责人或其指定人员的签名或盖章。对外开出的原始凭证，必须加盖本单位的财务专用章。

（4）书写清楚、规范。原始凭证上的数字和文字，字迹要清楚、整齐和规范，易于辨认。

（5）填制及时。所有经办业务的部门和人员，在每项经济业务发生或完成后，必须及时填制原始凭证，做到不拖延、不积压，按照规定的程序及时送交会计机构，以保证会计核算工作的正常进行。一般来说，填制或取得的原始凭证送交会计机构的时间最迟不应超过一个会计结算期。

（6）其他要求。

① 凡填有大写和小写金额的原始凭证，大写与小写的金额必须一致。

② 购买实物的原始凭证，必须有验收证明。实物购入后，要按照规定办理验收手续，以明确经济责任，保证账实相符。

③ 一式多联的原始凭证，必须注明各联的用途，并且只能以一联用作报销凭证；一式多联的发票和收据，除本身具备复写功能外，必须用双面复写纸套写，并连续编号。作废时应加盖“作废”戳记，连同存根一起保存。

④ 单位人员借款的收据，必须附在记账凭证之后。

2. 原始凭证填制的实例

在本实验中，须自制的原始凭证种类很多，而在课堂教学时大家几乎没有接触过，故将几种主要原始凭证的填制方法介绍如下。

（1）银行结算凭证的填制。

① 现金支票和转账支票。“现金支票”和“转账支票”分为

“存根联”和“支款联”两个部分，操作人员应分别在“存根联”和“支款联”按内容逐项填写。支票填写完毕后，应在“存根联”和“支款联”之间加盖单位的财务专用章；同时在“上列款项请从我账户内支付”处加盖单位在银行预留的印鉴。然后将“支款联”沿虚线裁下交取款人或经办人，“存根联”留下与相关凭证合并做账。

在填写支票时，应用蓝、黑墨水填写；“支票联”的日期必须用大写；大写金额栏“人民币（大写）”与实际所填的金额不能留有空间；小写金额前要添加货币符号；支票的填写不得涂改，若有笔误须作废重开。

② 汇兑。汇兑是汇款人委托银行将款项汇给收款人的结算方式。当购销双方采用汇兑进行款项结算时需填制本凭证。汇兑分信汇和电汇两种，信汇一般为一式四联，电汇一般为一式三联，本实验操作只设计了其中的回单联。填写时，操作人员应按照单据上的项目逐一填好，并在开户行留存的联单上盖上本单位在银行的预留印鉴，否则银行不予办理。

③ 银行汇票。银行汇票是汇款人将款项交存当地银行，由银行签发给汇款人到付款地点办理转账结算或支取现金的票据。当用到此种方法时，需首先由汇款人填写“银行汇票委托书”到开户行办理银行汇票。“银行汇票委托书”一式四联，由于操作的需要，本实验只设计了其中的一联。填写时，操作人员应按项目逐一填好，委托书上的科目和对应科目为银行记账用，操作人员不必填写。

④ 现金缴款单。现金缴款单是单位将现金缴存银行时所用的一种凭证。当将现金存入银行时，应首先填好“现金缴款单”。在实际工作中，“现金缴款单”一般为一式二联，本实验只设计了其中的存根联。填制时，由于是将现金缴存本单位在银行的存款户，故收款人是本单位名称，账号为本单位在银行的账号；款项本源根据所得现金的来源填列；票面登记栏由于模拟实验没有实际的现金收付，故可省略不填。填好后，再将此凭证和现金到银行缴存，银

行点收后，在存根联加盖“收讫”章交缴款人，缴款人持此凭据交财务进行账务处理。

⑤ 银行进账单。银行进账单是单位到银行办理转账收款时应填写的凭证，一般为一式三联。本实验考虑到实际需要，只采用了其中的“收账通知单”。填制时，应根据所收到的支票、银行汇票或银行本票所载内容填列。以下几种情况需要填制银行进账单：

a. 取得了对方送来的转账支票的“支款联”，需填制“银行进账单”，并与“支款联”一并到银行进账。

b. 取得了对方送来的银行汇票两联单，需在填好银行汇票两联单实际结算金额的同时，填好进账单，然后到银行进账。

c. 取得了对方送来的银行本票时也应参照上述方法办理。

（2）物资收发凭证。

① 材料验收通知单。企业外购的原材料、燃料、包装物、低值易耗品入库时需填制材料验收通知单。实际工作中，该凭证一般分为一式三联，本实验只设计了会计部门联。在填写时，入库物资应按原材料——原材料及主要材料、原材料——辅助材料、原材料——修理用材料、燃料、包装物、低值易耗品几种类别分别填列，以便分类汇总；当采用计划价格核算时，收料单上入库物资的单价应为计划单价。

② 领料单。领料单是企业各部门生产领用物资时需填写的单据。实际工作中，该凭证一般为一式三联，本实验只设计了会计部门联。填写时，应按领料单格式逐项填列。有两点必须注意：一是领料单上的价格应为计划单价；二是填制时应注明领料用途及领料部门，以便进行发料汇总。

③ 产品交库单。产品交库单是产品完工入库时需填制的一种凭证。填写时按实际完工产品品种、数量进行登记，单位成本为完工产品的制造成本，由于成本计算是在月末进行，故平时填制产品入库单时只需填写数量，单位成本和总成本在成本计算完毕以后再进行补记。

④ 产品出库单。产品出库单是产品销售出库时需由物资部门填列的凭证，它是物资部门会计记账的依据。物资部门据此凭证登记库存商品的减少数，平常一般不需做金额的记载，故此凭证无单价和金额。但此单据在填制时，除制单人、发货人必须签名外，提货人也必须签字；否则不能作为有法律效力的书面证明。此凭证可作为会计部门记账的附件。

⑤ 材料销售出库单。材料销售出库单是材料销售出库时所需填列的凭证。一般是财会部门根据物资部门的销售通知办理好价款结算手续后，购货方到仓库提货时由物资部门开列。该单是物资部门会计登记材料减少的依据。填列时，除材料类别、品名、数量必须列示清楚外，还必须有提货人签名。

⑥ 工程物资验收通知单。为和生产用材料入库所填写的“收料单”相区分，企业购入专用设备、专用材料等工程物资入库时需由物资部门会计填写“工程物资验收通知单”。填写时，根据购进工程物资时所记录的数据填写。这里应注意工程物资的价格应是含税价，即买价加上相应的增值税。

⑦ 工程物资领料单。工程物资领料单是领用工程物资时所需开具的一种凭证，与生产用材料出库所开具的“领料单”有所不同。填写时，应根据格式逐项填写。此外，工程物资的发出成本一般采用的是先进先出法，故在确定发出物资的单价时，应查看“工程物资——在库工程物资”明细账，根据先进先出法的计价原则确定其发出工程物资的单价及金额。

(3) 发票的开具。

本书中的模拟实验涉及两种发票，一是增值税专用发票，一是劳务收入发票，以下分别进行说明。

① 增值税专用发票。

按税法规定，一般纳税人在销售产品和提供加工、修理、修配劳务时，应开具增值税专用发票。故在本模拟实验企业销售产品或材料时需向购买方开具增值税发票。实际工作中，增值税专用发票一般为一式三联，本实验考虑到操作的需要，只根据业务的内容设计了其中的两联：记账联和发票联。

在开具增值税发票时，操作人员应根据“产品销售清单”或“材料销售通知单”列明其品名、规格、数量、计量单位和金额等内容，增值税则需要根据适用税率求得。需注意的是本模拟实验中，企业适用17%和13%两种税率，开发票时应分析销售的产品或销售的材料适用哪种税率。发票填制完毕后，还应在“发票联”加盖“财务专用章”或“发票专用章”。

② 劳务收入发票。本书中模拟企业的劳务收入是指汽车的外运收入，此收入按税法规定应交纳营业税。故当企业获得此类收入时应向对方开具“劳务收入发票”。实际工作中，此发票一般为一式四联，本实验考虑到业务的需要，只设计了其中的两联。在开此发票时，操作人员应根据汽车队送来的“汽车队用车结算通知单”和“使用签认单”所列情况予以开具，并在“发票联”加盖本单位的财务专用章或发票专用章。

3. 记账凭证填制要求

（1）记账凭证必须根据审核无误的原始凭证填制。

（2）记账凭证应当连续编号。编号的目的是分清会计事项处理的先后顺序，便于记账凭证与会计账簿之间的核对，确保记账凭证的完整。一笔经济业务需要填制两张或者两张以上记账凭证时，应采用“分数编号法”编号，如一笔经济业务需要填制三张记账凭证，记账凭证的顺序号是16，就可以编成$16\frac{1}{3}$号、$16\frac{2}{3}$号，$16\frac{3}{3}$号。

（3）记账凭证后必须附有原始凭证。除结账和更正错误等外，记账凭证必须附有原始凭证，并注明所附原始凭证张数。所附原始凭证张数的计算，一般以原始凭证的自然张数为准。如果记账凭证中附有原始凭证汇总表，则应该把所附的原始凭证和原始凭证汇总表的张数一起计入附件的张数之内。一张原始凭证如涉及几张记账凭证时，可以将该原始凭证附在一张主要的记账凭证后面，在其他记账凭证上注明该主要记账凭证编号或者附上该原始凭证的复印件。

（4）其他要求。

① 记账凭证的填制日期原则上应与发生经济业务的日期一致，但由于凭证的传递需要时间，因此也可以按原始凭证到达日期填写。

② 记账凭证摘要的填写应简明扼要，说明清楚。

③ 会计科目必须按现行统一会计制度规定的全称填写，不得简化，不得用科目编号或外文字母代替，并根据经济业务的内容正确确定会计科目的借贷方和金额。

④ 填制好的记账凭证，如有空行，应当在金额栏目最后一笔金额数字下的空行处至合计数上的空行处画斜线注销。

（三）会计凭证审核

1. 原始凭证的审核

（1）原始凭证审核的内容。

① 真实性审核。审核凭证所反映的内容是否符合经济业务的实际发生情况，数字、文字有无伪造、涂改、重复使用的情况，各联之间数额有无不符情况等。主要包括：经济业务的双方当事单位和当事人必须是真实、合法的；经济业务发生的时间、地点和填制日期必须是真实的；经济业务的内容，特别是数量与金额必须是真实的。

② 完整性审核。完整性审核的目的是确定原始凭证的编制是否符合要求，各个项目内容填写是否齐全，数字是否正确。仔细检查名称、商品规格、计量单位、数量、单价、大写、小写金额和填制日期的填写是否正确、清晰。

③ 合法性审核。合法性审核的内容包括两方面：一是原始凭证生成程序的合法性，购买实物的原始凭证必须附有验收证明，以确认实物已经验收入库。二是审查原始凭证所反映的经济业务是否

违反财经制度的规定，有无不按计划、预算办事的行为，资金使用是否符合规定，是否扩大了成本费用开支范围，财产物资的收发、领退是否按照规定办理手续等。

（2）原始凭证审核后的处理。

原始凭证经过审核后，应根据不同的审核结果，进行不同的审核后处理。

① 对于内容合法、合理、完整、正确的原始凭证，按规定办理会计手续，据以填制记账凭证，并将原始凭证作为附件粘贴在记账凭证后面，以备查核。

② 对于内容合法、合理而记载不准确、不完整的原始凭证，按规定暂缓办理会计手续，将原始凭证退回业务经办单位或人员，责成改正凭证记录的错误。经责任单位和有关人员更正错误后，对更正后的凭证进行复审，确定无误后准予办理会计手续。

③ 对于内容完整、正确而不合法的原始凭证，按规定拒绝受理，并向单位负责人报告，并向有关方面反映情况。

2. 记账凭证的审核

为保证账簿记录的正确性，必须对记账凭证进行严格的审核。审核工作应由填制记账凭证以外的人担当。其审核内容包括：

（1）记账凭证是否附有原始凭证，所附原始凭证的张数、经济内容、金额、合计等是否与记账凭证一致。

（2）经济业务是否正确，应借、应贷账户的名称和金额是否正确，账户对应关系是否清晰，所用账户的名称是否符合国家统一会计制度的规定。

（3）记账凭证中有关项目是否填写齐全，有关人员是否签名或盖章。

在实际工作中，根据与现金和银行存款收付有关的经济业务，由出纳人员填制收款凭证和付款凭证。出纳人员应根据会计管理人员或指定人员审核批准的收款凭证或付款凭证，作为记录货币资金的收入或付出依据。当出纳人员根据收、付款凭证收款或付款时，要在凭证上加盖“收讫”或“付讫”的戳记，以避免差错。当一项经济业务双方都是货币资金收付业务时，即将现金存入银行和从银行提取现金业务；为了避免重复记账，一般规定只编制付款凭证而不编制收款凭证，即将现金存入银行编制现金付款凭证，从银行提现金编制银行存款付款凭证。不涉及现金和银行存款收付的经济业务需填制转账凭证。

（四）账簿登记技术

1. 记账规则

（1）为了使会计账簿能保存较长时间，而且能保持清晰，应使用碳素墨水书写。登账只能用钢笔或签字笔，不得使用圆珠笔或铅笔。

（2）下列情况可以使用红色墨水：

① 根据红字冲账的记账凭证，冲销错误记录。

② 在仅设借（贷）方的多栏式账页中，登记冲减数。

③ 划线更正线、结账线和注销线。

④ 在冲销银行存款日记账时，登记冲销的支票号码。

⑤ 按暂估价入账的材料或商品，下月初可用红字冲回上述暂估价。

⑥ 材料按计划成本计价时，发出材料的计划成本大于实际成本时，用红字冲减材料成本差异。

⑦ 销售产品发生退货时，用红字冲减原先入账的营业收入和营业成本。

⑧ 账簿一页之内的多余行次，画红色斜线注销。

（3）为保证会计账簿的完整统一，记账时，必须使用会计科目、明细科目的全称，不得简化。

（4）为保证账簿记录清晰、整齐，书写文字数字应当清楚、正确，严禁刮擦、挖补或用其他方法涂改，应按规定方法予以更正。

（5）账簿余额栏为零时，应在余额栏“元”位处填“0”，不得空置不填。

（6）账簿中账页下端最后横线以下，如还有竖格线，一律空置不填。

（7）各种账簿应按页次顺序连续登记，不得跳行、隔页。如果发生跳行、隔页，应当将空行、空页划线注销，或者注明“此行空白”、“此页空白”字样，并由记账人员签名或者盖章。

（8）凡需要结出余额的账户，结出余额后，应当在“借或贷”等栏内写明“借”或“贷”等字样。没有余额的账户，应在“借或贷”栏内写“平”字，并在“余额”栏用“0”表示。

（9）每一账页登记完毕结转下页时，应当结出本页合计数及余额，写在本页最后一行和下页第一行有关栏内，并在摘要栏内注明“过次页”和“承前页”字样；也可以将本页合计数及金额只写在下页第一行有关栏内，并在摘要栏内注明“承前页”字样。

对需要结计本月发生额的账户，结计“过次页”的本页合计数应当为自本月初起至本页末止的发生额合计数；对需要结计本年累计发生额的账户，结计“过次页”的本页合计数应当为自年初起至本页末止的累计数；对既不需要结计本月发生额也不需要结计本年累计发生额的账户，可以只将每页末的余额结转次页。

2. 总账的登记方法

在本实验中，由于综合实验采用的是科目汇总表的核算程序，故平时所编制的记账凭证一般都用于登记明细账，而总账是根据“科目汇总表”来登记的。登记时，可在摘要栏内注明：据××号科目汇总表记入，每一科目的借方及贷方发生额在同一行内平等登记，不必分为上下两行，然后结出余额，并注明余额方向。

3. 日记账和三栏式明细账的登记方法

现金和银行存款日记账以及三栏式明细账一般根据记账凭证直接登记。账页上的凭证号为记账凭证的编号，对应科目为记账凭证上与该账户发生额相反方向的科目；若对方科目有两个或两个以上，可将金额分别进行登记，也可以在一个主要科目中登记。

4. 多栏式明细账的登记方法

本实验中，多栏式明细账用于登记“辅助生产成本”、“制造费用”、“管理费用”、“销售费用”、“财务费用”、“营业外收入”、“营业外支出”等明细账，一般可根据记账凭证的明细科目直接填列。登记时，应先将该科目发生的总额在该账簿的借方登记，然后在同一行内将构成该总额的各项目金额在明细项目内对照登记。由于这些账户的发生额一般都在借方，故账户未设计另一方栏目，如若有另一方发生额一般都用红字登记。

（五）账务处理程序的选择

账务处理程序，也称会计核算组织程序或会计核算形式，是指会计凭证、会计账簿、会计报表相结合的方式。包括会计凭证和账簿的种类、格式，会计凭证与账簿之间的联系方法，由原始凭证到编制记账凭证、登记明细分类账和总分类账、编制财务报表的工作程序和方法等构成。科学合理地选择适用于本单位的账务处理程序，对于有效地组织会计核算具有重要意义。

常用的账务处理程序主要有记账凭证账务处理程序、汇总记账凭证账务处理程序和科目汇总表账务处理程序。

1. 记账凭证账务处理程序

记账凭证账务处理程序是指对发生的经济业务事项，都要根据原始凭证或汇总原始凭证编制记账凭证，然后直接根据记账凭证逐笔登记总分类账的一种账务处理程序，它是基本的账务处理程序。其一般程序是：

（1）根据原始凭证编制汇总原始凭证；

（2）根据原始凭证或汇总原始凭证，编制记账凭证；

（3）根据记账凭证逐笔登记现金日记账和银行存款日记账；

（4）根据原始凭证、汇总原始凭证和记账凭证，登记各种明细分类账；

（5）根据记账凭证逐笔登记总分类账；

（6）期末，现金日记账、银行存款日记账和明细分类账的余额同有关总分类账的余额核对相符；

（7）期末，根据总分类账和明细分类账的记录，编制财务报表。

记账凭证账务处理程序简单明了，易于理解，总分类账可以较详细地反映经济业务的发生情况。其缺点是：登记总分类账的工作量较大。它适用于规模较小、经济业务量较少的单位。

2. 汇总记账凭证账务处理程序

汇总记账凭证账务处理程序是根据原始凭证或汇总原始凭证编制记账凭证，定期根据记账凭证分类编制汇总收款凭证、汇总付款凭证和汇总转账凭证，再根据汇总记账凭证登记总分类账的一种账务处理程序。其一般程序是：

（1）根据原始凭证编制汇总原始凭证；

（2）根据原始凭证或汇总原始凭证，编制记账凭证；

（3）根据记账凭证逐笔登记现金日记账和银行存款日记账；

（4）根据原始凭证、汇总原始凭证和记账凭证，登记各种明细分类账；

（5）根据各种记账凭证编制三种汇总记账凭证；

（6）根据各种汇总记账凭证登记总分类账；

（7）期末，现金日记账、银行存款日记账和明细分类账的余额同有关总分类账的余额核对相符；

（8）期末，根据总分类账和明细分类账的记录，编制财务报表。

汇总记账凭证账务处理程序减轻了登记总分类账的工作量，便于了解账户之间的对应关系。其缺点是：按每一贷方科目编制汇总转账凭证，不利于会计核算的日常分工，当转账凭证较多时，编制汇总转账凭证的工作量较大。它适用于规模较大、经济业务较多的单位。

3. 科目汇总表账务处理程序

科目汇总表账务处理程序又称记账凭证汇总表账务处理程序，它是根据记账凭证定期编制科目汇总表，再根据科目汇总表登记总分类账的一种账务处理程序。其一般程序是：

（1）根据原始凭证编制汇总原始凭证；

（2）根据原始凭证或汇总原始凭证，编制记账凭证；

（3）根据记账凭证逐笔登记现金日记账和银行存款日记账；

（4）根据原始凭证、汇总原始凭证和记账凭证，登记各种明细分类账；

（5）根据各种记账凭证编制科目汇总表；

（6）根据科目汇总表登记总分类账；

（7）期末，现金日记账、银行存款日记账和明细分类账的余额同有关总分类账的余额核对相符；

（8）期末，根据总分类账和明细分类账的记录，编制财务报表。

科目汇总表账务处理程序减轻了登记总分类账的工作量，并可做到试算平衡，简明易懂，方便易学。其缺点是：科目汇总表不能反映账户对应关系，不便于查对账目。它适用于经济业务较多的单位。

（六）错账更正技术

账簿记录应保持整齐清洁。为此，记账时应力求正确和清楚，避免差错。如果万一发生了记录错误，应按照规定方法更正，不得涂改刮擦或挖补。记账错误的更正方法，一般有划线更正法、红字更正法和补充更正法。

1. 划线更正法

划线更正法，亦称红线更正法，是采用划线方式注销原有记录，从而更正账簿记录错误的方法。具体操作方法：

（1）在错误的文字或数字中间划一条单红线注销，但必须使原有字迹仍可辨认，便于今后查找原始资料。

（2）在红线上方填写正确的文字或数字。

（3）由更正人在更正处盖小长方形名章，以明确经济责任。

2. 红字更正法

红字更正法是采用红字方式冲销或冲减账簿原有记录，从而更正账簿记录错误的方法。具体操作方法：

用红色钢笔填写一张与错误凭证内容相同的记账凭证，并据以用红色钢笔记账，在“摘要”栏注明“冲销×月×日错账”字样；用蓝色钢笔填写一张内容正确的记账凭证，并据以用蓝色钢笔记账，在“摘要”栏注明“补记×月×日账”字样。

3. 补充登记法

补充登记法是采用增记金额方式补充原有记录，从而更正账簿记录错误的方法。具体操作方法：

（1）将少记的金额用蓝字填制一张与原错误凭证完全一样的记账凭证，在摘要栏注明“补记第×号凭证少记数”，以补充少记的金额。

（2）根据新编的蓝字记账凭证登记账簿，以补充账簿中少记的金额。

（七）结账的方法

结账是会计期末对账簿记录的总结工作。在结账之前，实验主管人员应首先检查是否所有的经济业务均已入账，金额是否正确，然后再据以结账。

（1）对不需按月结计本期发生额的账户，每次记账以后，都要随时结出余额，每月最后一笔余额即为月末余额。月末结账时，只需要在最后一笔经济业务事项记录之下通栏划单红线，不需要再结计一次余额。

（2）现金、银行存款日记账和需要按月结计发生额的收入、费用等明细账，每月结账时，要结出本月发生额和余额，在摘要栏内注明“本月合计”字样，并在下面通栏划单红线。

（3）需要结计本年累计发生额的某些明细账户，每月结账时，应在“本月合计”行下结出自年初起至本月末止的累计发生额，登记在月份发生额下面，在摘要栏内注明“本年累计”字样，并在下面通栏划单红线。12 月末的“本年累计”就是全年累计发生额，全年累计发生额下通栏划双红线。

（4）总账账户平时只需结出月末余额。年终结账时，将所有总账账户结出全年发生额和年末余额，在摘要栏内注明“本年合计”字样，并在合计数下通栏划双红线。

（5）年度终了结账时，有余额的账户，要将其余额结转下年，并在摘要栏注明“结转下年”字样；在下一会计年度新建有关会计账户的第一行余额栏内填写上年结转的余额，并在摘要栏注明“上年结转”字样。

（八）报表编制操作技术

1. 资产负债表的编制

资产负债表是反映企业一定日期（报告期末）财务状况的财务报表。其编表的资料来源应为资产、负债、所有者权益、成本类账户的总分类账和相关明细分类账的期末余额。编制时，可直接查找实验所记账簿期末结账后的余额。具体编制方法为：先填各项目的金额，再计算合计，最后计算总计。

（1）根据总分类账户余额填列。资产负债表中的有些项目，可直接根据有关总分类账户的余额填列，如“交易性金融资产”、“应收股利”、“应付票据”、“应付职工薪酬”等项目；有些项目则需要根据几个总分类账户的期末余额计算填列，如“货币资金”项目，需要根据“库存现金”、“银行存款”、“其他货币资金”三个总分类账户的期末余额的合计数填列。

（2）根据明细分类账户余额计算填列。如“应付账款”、“预付账款”项目，需要根据“应付账款”和“预付账款”两个账户所属的相关明细账户的期末余额分析填列；“应收账款”、“预收账款”项目，需要根据“应收账款”和“预收账款”两个账户所属的相关明细账户的期末余额分析填列。

（3）根据总分类账户和明细分类账户余额分析计算填列。如“长期借款”项目，需要根据“长期借款”总分类账户余额扣除“长期借款”总分类账户所属的明细分类账户中将在一年内到期，且企业不能自主地将偿还义务延期的长期借款后的金额计算填列。

（4）根据有关账户余额减去其备抵账户余额后的净额填列。如资产负债表中的“应收账款”项目，应根据“应收账款”总分类账户的期末余额减去“坏账准备”账户余额后的净额填列。“固定资产”项目，应根据“固定资产”总分类账户的期末余额减去“累计折旧”、“固定资产减值准备”备抵账户余额后的净额填列等。

（5）综合运用上述填列方法分析填列。如资产负债表中的“存货”项目，需要根据“原材料”、“库存商品”、“委托加工物资”、“周转材料”、“材料采购”、“在途物资”、“发出商品”、“材料成本差异”等总分类账户期末余额的分析汇总数，再减去“存货跌价准备”账户余额后的净额填列。

2. 利润表的编制

利润表是反映企业一定会计期间经营成果的财务报表。该表是按照收入、费用以及构成利润的各个项目分类分项编制而成。利润表“本期金额”栏内各项数字一般应根据损益类账户的发生额分析填列。利润表“上期金额”栏内各项数字，应根据上年该期利润表“本期金额”栏内所列数字填列。

第二章 原始凭证填制专项实验

一、实验目的

原始凭证是经办单位或人员在经济业务发生时取得或填制的，用以办理业务手续，记载业务发生或完成情况，明确经济责任的会计凭证。原始凭证的填制，一般由发生经济业务单位的经办人员填写，其中大部分由企业事业单位业务部门的经办人员填写，少部分由会计人员填写。通过设置原始凭证填制的专项实验，使学生熟悉会计人员经常填制的原始凭证，掌握原始凭证的基本内容、填制和审核的方法，以及会计凭证传递的程序。

二、实验要求

根据以下所给的资料，正确填制和审核自制的原始凭证。

三、实验步骤

1. 认真阅读所给资料，分析判断应使用以下哪张原始凭证。
2. 按照原始凭证的基本要素，填制相关的原始凭证。原始凭证的基本要素是：凭证的名称；填制凭证的日期；填制凭证单位名称或者填制人员姓名；经办人的签名或者盖章；接受凭证单位名称；经济业务内容、数量、单价和金额。

3. 原始凭证的项目要填写齐全；凭证书写要清楚，凭证上的文字和数字，要用蓝色或黑色墨水书写，如有书写错误，应按照规定方法更正或作废，任何凭证不得污染、抹擦、刀刮或挖补；凭证填制要真实地反映经济业务，按规定时间填写。

4. 按照原始凭证审核的方法，对原始凭证编制的正确性进行审核。检查原始凭证的有关业务手续是否健全完备，原始凭证的填制是否准确无误。

四、实验资料

A公司为一般工商企业，其开户银行为中国工商银行北京分行第十一支行，账号为11106009－91。该公司2008年9月发生的部分经济业务如下：

1. 6日，签发现金支票一张，金额9 000元，从银行提取现金备用（支票号为86－60137）。

2. 9日，以现金支付职工李明出差暂借差旅费1 500元（票据编号为015，附单据1张）。

3. 15日，W公司开出转账支票91 500元办理货款结算，财务处收取支票后，当日填写进账单送存银行（W公司开户银行为中国工商银行北京市分行营业部，账号为6741432，进账单编号为25）。

4. 21日，收到职工王海交来的赔偿款91元。

5. 25日，向C公司签发转账支票一张，金额25 000元支付购货款（支票号为86－66125）。

本实验所使用的有关原始凭证如下：

1. 转账支票

本支票付款期十天，可以流通转让。

京 中国工商银行转账支票 支票号码 AD

签发日期： 年 月 日

开户银行名称：

收款人： 签 发 人 账 号：

人民币（大写）		千	百	十	万	千	百	十	元	角	分

用途________ 科目（付）________

上列款项请从我账户内支付 对方科目（收）________

转账日期 年 月 日

签发人盖章 复核 记账 验印

2. 进账单

中国工商银行进账单（回单） 1

年 月 日 第 号

<table>
<tr><td rowspan="3">收款人</td><td>全 称</td><td></td><td rowspan="3">付款人</td><td>全 称</td><td colspan="10"></td></tr>
<tr><td>账 号</td><td></td><td>账号或地址</td><td colspan="10"></td></tr>
<tr><td>开户银行</td><td></td><td>开户银行</td><td colspan="10"></td></tr>
<tr><td colspan="5" rowspan="2">人民币（大写）：</td><td>千</td><td>百</td><td>十</td><td>万</td><td>千</td><td>百</td><td>十</td><td>元</td><td>角</td><td>分</td></tr>
<tr><td></td><td></td><td></td><td></td><td></td><td></td><td></td><td></td><td></td><td></td></tr>
<tr><td>票据种类</td><td colspan="2"></td><td colspan="12" rowspan="3">收款人开户银行盖章</td></tr>
<tr><td>票据张数</td><td colspan="2"></td></tr>
<tr><td colspan="3">单位主管 会计 复核 记账</td></tr>
</table>

此联是银行交给收款人的回单

3. 现金支票

本支票付款期十天，可以流通转让。

京　**中国工商银行现金支票**　　支票号码 AB

签发日期：　　年　月　日

开户银行名称：

收款人：　　签发人账号：

人民币（大写）		千	百	十	万	千	百	十	元	角	分

用途__________　　科目（付）__________

上列款项请从我账户内支付　　对方科目（收）__________

付讫日期　　年　月　日

签发人盖章　　复核　　记账

出纳　　验印

4. 付款凭单

付 款 凭 单　　编号__________

年　月　日　　附单据　　张

受款人		
付　款 用　途		
金　额	人民币 （大写）	¥

账务主管　　记账　　出纳　　部门主管　　制单　　受款人签收

5. 收据

收　　据

№ 1020390

入账日期：　　年　月　日

交款单位＿＿＿＿＿＿＿＿＿＿＿＿＿＿	收款方式＿＿＿＿＿＿＿＿＿＿
人民币（大写）＿＿＿＿＿＿＿＿＿＿＿	¥＿＿＿＿＿＿＿＿＿＿
收款事由＿＿＿＿＿＿＿＿＿＿＿＿＿＿＿＿＿＿＿＿＿＿＿＿	

单位盖章	财会主管	记账	出纳	审核	经办

五、实验思考

1. 经济业务发生后为什么要填制原始凭证？
2. 填制原始凭证应注意哪些问题？
3. 原始凭证上为什么要求有关人员签字或盖章？
4. 填制原始凭证为什么要求大小写金额一致？
5. 为什么要求按标准填写会计数码？
6. 会计人员为什么要会填制原始凭证？

六、实验报告

实验结束后，编写实验报告。其内容包括：

1. 实验内容。
2. 实验中的问题及解决方法。
3. 实验中的体会及建议。

七、参考答案

1. 6日，签发现金支票一张，金额9 000元，从银行提取现金备用（支票号为86－60137）。

（京） **中国工商银行现金支票**　　　支票号码 AB 86－60137

签发日期：2008年9月6日

本支票付款期十天，可以流通转让。

开户银行名称：北京分行第11支行

收款人：A公司　　　签发人账号：11106009－91

人民币（大写）	玖仟元整	千	百	十	万	千	百	十	元	角	分
					¥	9	0	0	0	0	0

用途 提现备用　　　科目（付）

上列款项请从我账户内支付　　　对方科目（收）

付讫日期　　年　月　日

签发人盖章　　　复核　　记账

出纳　　验印

2. 9日，以现金支付职工李明出差暂借差旅费1 500元（票据编号为015，附单据1张）。

付款凭单　　　编号 015

2008年9月9日　　　附单据 1 张

受款人	李　明	
付款用途	出差暂借差旅费	
金　额	人民币（大写）壹仟伍佰元整	¥1 500.00

账务主管　　记账　　出纳　　部门主管 王伟　　制单 ××　　受款人签收 李明

3. 15 日，W 公司开出转账支票 91 500 元办理货款结算，财务处收取支票后，当日填写进账单送存银行（W 公司开户银行为中国工商银行北京市分行营业部，账号为 6741432，进账单编号为 25）。

中国工商银行进账单（回单） 1

2008 年 9 月 15 日　　第 25 号

<table>
<tr><td rowspan="3">收款人</td><td>全　称</td><td>A 公司</td><td rowspan="3">付款人</td><td>全　称</td><td colspan="10">W 公司</td></tr>
<tr><td>账　号</td><td>11106009－91</td><td>账号或地址</td><td colspan="10">6741432</td></tr>
<tr><td>开户银行</td><td>北京分行第 11 支行</td><td>开户银行</td><td colspan="10">北京市分行营业部</td></tr>
<tr><td colspan="5" rowspan="2">人民币（大写）：玖万壹仟伍佰元整</td><td>千</td><td>百</td><td>十</td><td>万</td><td>千</td><td>百</td><td>十</td><td>元</td><td>角</td><td>分</td></tr>
<tr><td></td><td></td><td>¥</td><td>9</td><td>1</td><td>5</td><td>0</td><td>0</td><td>0</td><td>0</td></tr>
<tr><td colspan="2">票据种类</td><td>转账支票</td><td colspan="12" rowspan="3">收款人开户银行盖章</td></tr>
<tr><td colspan="2">票据张数</td><td>1</td></tr>
<tr><td colspan="3">单位主管　会计　复核　记账××</td></tr>
</table>

此联是银行交给收款人的回单

4. 21 日，收到职工王海交来的赔偿款 91 元。

收　据　　№ 1020390

入账日期：2008 年 9 月 21 日

交款单位 王海	收款方式 现金
人民币（大写） 玖拾壹元整	¥ 91.00
收款事由 赔偿款	

单位盖章　　财会主管　　记账　　出纳 ××　　审核　　经办 王海

5. 25 日，向 C 公司签发转账支票一张，金额 25 000 元支付购货款（支票号为 86－66125）。

本支票付款期十天，可以流通转让。

(京) **中国工商银行转账支票** 支票号码 AD 86－66125

签发日期：2008 年 9 月 25 日

开户银行名称：北京分行第 11 支行

收款人：C 公司 签发人账号：11106009－91

人民币（大写）		千	百	十	万	千	百	十	元	角	分
	贰万伍仟元整			¥	2	5	0	0	0	0	0

用途 购货

上列款项请从我账户内支付

科目（付）

对方科目（收）

转账日期 年 月 日

签发人盖章 复核 记账 验印

第三章 记账凭证填制专项实验

一、实验目的

练习记账凭证的填制。

二、实验内容

实验主要围绕收款凭证、付款凭证和转账凭证的填制进行。

三、实验要求和例题

（一）记账凭证的样式和填制要求

记账凭证一般分为收款凭证、付款凭证和转账凭证。格式如下：

1. 收款凭证

企业发生的涉及现金和银行存款的收款业务应填制收款凭证。

当填制收款凭证时，借方科目栏必须是银行存款或现金。贷方科目栏不能出现银行存款或现金。收款凭证如图 3－1 所示。

收款凭证

借方科目＿＿＿＿＿＿　　　　年　月　日　　　　字第　号

丙式—141　12×21厘米(通)

摘要	贷方总账科目	明细科目	记账符号	金额									
				千	百	十	万	千	百	十	元	角	分
合计													

附单据　张

财务主管　　记账　　出纳　　审核　　制单

图 3－1

2. 付款凭证

企业发生的涉及现金和银行存款的付款业务应填制付款凭证。

当填制付款凭证时，贷方科目栏必须是银行存款或现金。借方科目栏不能出现银行存款或现金。需要注意的是，当发生银行存款和现金账户之间的此增彼减的经济业务时，实务中只填制付款凭证，不填制收款凭证。付款凭证如图 3－2 所示。

付款凭证

贷方科目＿＿＿＿＿＿　　　　年　月　日　　　　字第　号

丙式—142　12×21厘米(通)

摘要	借方总账科目	明细科目	记账符号	金额									
				千	百	十	万	千	百	十	元	角	分
合计													

附单据　张

财务主管　　记账　　出纳　　审核　　制单

图 3－2

3. 转账凭证

企业发生的除收款、付款业务以外的其他业务应填制转账凭证。

转账凭证和收款凭证、付款凭证的区别在于借方或贷方科目不固定，转账凭证适用于所有经济业务。但在收付款业务较多的企业里，合理运用收款、付款凭证可以简化工作量，便于对账。

需要注意的是，如果企业发生比较复杂的交易事项，比如既涉及收款或付款，又涉及其他科目的多借或多贷会计分录时，一般要填制两种以上的记账凭证。即涉及收付款的，填制一张收款凭证或付款凭证，然后再填制一张转账凭证。转账凭证如图 3－3 所示。

转 账 凭 证

年　　月　　日　　　　　　字第　　号

丙式—143　12×21厘米(通)

摘　要	总账科目	明细科目	√	借方金额										√	贷方金额								
				千	百	十	万	千	百	十	元	角	分		千	百	十	万	千	百	十	元	角	分
合　计																								

附单据　　张

财务主管　　　记账　　　出纳　　　审核　　　制单

图 3－3

4. 通用记账凭证

在收付款业务较少的企业里，甚至可以用通用记账凭证代替收款、付款凭证和转账凭证。通用记账凭证的格式与转账凭证基本相同。这里不再赘述。

（二）示范举例

1. 付款凭证的填制

例 3－1 2007 年 12 月 1 日，职工李明奉命到外地出差，预借差旅费 5 000 元，开出一张现金支票。

应根据现金支票存根以及李明交来的经审批的现金支票申请单、出差任务书编制会计分录并填制付款凭证如下：

借：其他应收款——李明　　　　5 000

　　贷：银行存款　　　　　　　　5 000

记账凭证的填制如图 3－4 所示。

付 款 凭 证

贷方科目 银行存款　　　　2007 年 12 月 1 日　　　　银收 字第 1 号

丙式—142　12×21厘米(通)

摘要	借方总账科目	明细科目	记账符号	千	百	十	万	千	百	十	元	角	分
职工预借差旅费	其他应收款	李　明					¥	5	0	0	0	0	0
合　计							¥	5	0	0	0	0	0

附单据 3 张

财务主管 夏军　　记账 吴凤　　出纳 井丽　　审核 赵萌　　制单 王花

图 3－4

上例中，除记账符号栏为记账时作标记外，其他栏目均应填制相应内容。付款凭证应按照业务发生的顺序连续编号。

2. 收款凭证练习

例 3－2 2007 年 12 月 1 日，财务部门收到职工李明交回的预借差旅费500元。同时报销差旅费4 500元。根据收据记账联，编制会计分录并填制收款凭证如下：

借：现金　　　　　　　　　　　　　　500

　　贷：其他应收款——李明　　　　　　　　500

记账凭证的填制如图3－5所示。

收 款 凭 证

借方科目 现金　　　　2007年12月1日　　　　现收 字第1号

丙式—141　12×21厘米(通)

摘要	贷方总账科目	明细科目	记账符号	金额									
				千	百	十	万	千	百	十	元	角	分
收回预借款项	其他应收款	李明						¥	5	0	0	0	0
合计								¥	5	0	0	0	0

附单据1张

财务主管 夏军　记账 吴风　出纳 井丽　审核 赵萌　制单 王花

图3－5

收款凭证应按照业务发生的顺序连续编号。

同时，

借：管理费用——差旅费　　　　　　4 500

　　贷：其他应收款——李明　　　　　　　4 500

3. 转账凭证的填制

例3－3　接上例，根据经审核无误的差旅费报销单填制转账凭证如图3－6所示。

转账凭证

2007 年 12 月 1 日　　　　转 字第 1 号

丙式—143　12×21厘米(通)

摘要	总账科目	明细科目	√	借方金额										√	贷方金额									
				千	百	十	万	千	百	十	元	角	分		千	百	十	万	千	百	十	元	角	分
报销差旅费	管理费用	差旅费					¥	4	5	0	0	0	0											
	其他应收款	李明																¥	4	5	0	0	0	0
合计							¥	4	5	0	0	0	0					¥	4	5	0	0	0	0

附单据1张

财务主管 夏军　　记账 吴凤　　出纳 井丽　　审核 赵萌　　制单 王花

图 3-6

转账凭证应按照业务发生的顺序连续编号。

例 3-4　练习多借多贷的转账凭证的填制。2008 年 12 月 31 日，根据账簿记录结平各项收入账户。当一张凭证不能完成该项经济业务时，需要编制两张或两张以上的凭证，凭证的编号运用分数编号法如图 3-7、图 3-8 所示。

转账凭证

2008 年 12 月 31 日　　　　转 字第 100 $\frac{1}{2}$ 号

丙式—143　12×21厘米(通)

摘要	总账科目	明细科目	√	借方金额										√	贷方金额									
				千	百	十	万	千	百	十	元	角	分		千	百	十	万	千	百	十	元	角	分
结转各项收入	主营业务收入			1	8	2	6	0	0	0	0	0	0											
	其他业务收入				4	3	7	0	0	0	0	0	0											
	投资收益			1	5	0	0	0	0	0	0	0	0											
	公允价值变动损益					2	8	0	0	0	0	0	0											
	营业外收入					7	9	0	0	0	0	0	0											
合计			¥	3	8	7	0	0	0	0	0	0	0											

附单据0张

财务主管 夏军　　记账 吴凤　　出纳 井丽　　审核 赵萌　　制单 王花

图 3-7

转账凭证

2008 年 12 月 31 日　　　　转 字第 100 $\frac{2}{2}$ 号

丙式—143　12×21厘米(通)

摘　要	总账科目	明细科目	√	借方金额										√	贷方金额									
				千	百	十	万	千	百	十	元	角	分		千	百	十	万	千	百	十	元	角	分
结转各项收入	本年利润														3	8	7	0	0	0	0	0	0	0
合　计														¥	3	8	7	0	0	0	0	0	0	0

附单据0张

财务主管 夏军　记账 吴风　出纳 井丽　审核 赵萌　制单 王花

图 3－8

四、专项实验训练

1. 2008 年 12 月 1 日，平湖市良工机械厂开出转账支票支付职工工资 154 200 元，工资明细表略。请根据转账支票存根（图 3－9）和工资明细表填制记账凭证。

中国工商银行**转账支票存根**

支票号码 1854237

附加信息________

出票日期 2008 年 12 月 1 日

收款人 良工机械厂

金　额 ¥154 200 元

用　途　工资

备　注

单位主管 夏军　会计 王花

中国工商银行 **转账支票**　　支票号码 1854237

本支票付款期限十天

出票日期 2008 年 12 月 1 日　　开户行名称 工商行平湖市十支行

收款人 良工机械厂　　签发人账号 364295301－19

人民币（大写）	千	百	十	万	千	百	十	元	角	分
壹拾伍万肆仟贰佰元整		¥	1	5	4	2	0	0	0	0

用途 工资

上列款项从我账户内支付

出票人签章　　复核 赵萌　　记账 吴风

图 3－9

2. 2008 年 2 月 21 日，提取现金，以备零星使用。请根据现金

支票存根（见图 3－10）填制记账凭证。

中国工商银行现金支票存根

支票号码 2118722

附加信息

签发日期 2008年2月21日

收款人	胡 平
金 额	¥2 000.00
用 途	库存现金
备 注	

厂财务专用章

单位主管 赵起　　会计 王姚

复 核　　记账

图 3－10

3．2008 年 2 月 1 日，银行结算一季度银行贷款利息（见图 3－11）。

中国工商银行利息结算单

2008 年 2 月 1 日

<table>
<tr><td rowspan="3">收款人</td><td>全 称</td><td></td><td rowspan="3">付款人</td><td>全 称</td><td colspan="8">良工机械厂</td></tr>
<tr><td>账号或地址</td><td></td><td>账号或地址</td><td colspan="8"></td></tr>
<tr><td>开户银行</td><td>工商行平湖市支行</td><td>开户银行</td><td colspan="2">工商</td><td colspan="2">行号</td><td colspan="4">022</td></tr>
<tr><td rowspan="2">金额</td><td colspan="4" rowspan="2">人民币（大写）贰万叁仟元整</td><td>十</td><td>万</td><td>千</td><td>百</td><td>十</td><td>元</td><td>角</td><td>分</td></tr>
<tr><td>¥</td><td>2</td><td>3</td><td>0</td><td>0</td><td>0</td><td>0</td><td>0</td></tr>
<tr><td colspan="2">原始凭证金额</td><td></td><td>赔偿金</td><td></td><td colspan="4">借方科目</td><td colspan="4"></td></tr>
<tr><td colspan="2">原始凭证名称</td><td></td><td>号 码</td><td></td><td colspan="4">贷方科目</td><td colspan="4"></td></tr>
<tr><td colspan="3">转账原因</td><td colspan="2">银行盖章</td><td colspan="8">会计 杨宇峰</td></tr>
</table>

图 3－11

4. 20×8 年 2 月 5 日，收到客户前进防火器材厂转来前欠销货款（见图 3－12）。

中国工商银行进账单（回单）

2008 年 2 月 5 日

<table>
<tr><td rowspan="3">收款人</td><td>全　称</td><td></td><td rowspan="3">付款人</td><td>全　称</td><td colspan="8">前进防火厂</td></tr>
<tr><td>账号或地址</td><td></td><td>账号或地址</td><td colspan="8"></td></tr>
<tr><td>开户银行</td><td>工商行平湖市支行</td><td>开户银行</td><td>工商</td><td colspan="2">行号</td><td colspan="5">022</td></tr>
<tr><td rowspan="2">金额</td><td colspan="4" rowspan="2">人民币（大写）玖万捌仟元整</td><td>十</td><td>万</td><td>千</td><td>百</td><td>十</td><td>元</td><td>角</td><td>分</td></tr>
<tr><td>¥</td><td>9</td><td>8</td><td>0</td><td>0</td><td>0</td><td>0</td><td>0</td></tr>
<tr><td colspan="2">票据种类</td><td colspan="3"></td><td colspan="8" rowspan="3">收款人开户银行盖章</td></tr>
<tr><td colspan="2">票据张数</td><td colspan="3"></td></tr>
<tr><td colspan="2">单位主管</td><td>姚兵</td><td>记账</td><td>杨宇峰</td></tr>
</table>

图 3－12

5. 2008 年 3 月 31 日，结转工资费用，请根据工资费用分配汇总表（图 3－13）编制记账凭证。

工资费用分配汇总表

2008 年 3 月 31 日　　　　单位：元

<table>
<tr><td colspan="2">车间部门</td><td>应分配金额</td></tr>
<tr><td rowspan="3">车间生产人员工资</td><td>生产管材工人</td><td>120 000.00</td></tr>
<tr><td>生产散热器工人</td><td>80 000.00</td></tr>
<tr><td>生产人员工资小计</td><td>200 000.00</td></tr>
<tr><td colspan="2">车间管理人员</td><td>16 400.00</td></tr>
<tr><td colspan="2">厂部管理人员</td><td>14 800.00</td></tr>
<tr><td colspan="2">合　计</td><td>431 200.00</td></tr>
</table>

主管：夏军　　　审核：赵萌　　　制表：王花

图 3－13

6. 2008 年 12 月 31 日，结转生产完工验收入库产品成本。请

根据完工产品成本计算表（图 3－14）编制记账凭证。

完工产品成本计算表

2008 年 12 月 31 日　　　　单位：元

成本项目	管线 400 米		鼓风机 100 台	
	总成本	单位成本	总成本	单位成本
直接材料	420 000.00	1 050.00	960 000.00	9 600.00
直接人工	100 000.00	250.00	144 000.00	1 440.00
制造费用	224 000.00	560.00	276 000.00	2 760.00
合　计	744 000.00	1 860.00	1 380 000.00	13 800.00

主管：夏军　　　　审核：赵萌　　　　制表：王花

图 3－14

7. 2008 年 12 月 31 日，根据固定资产折旧计算表（图 3－15）计提折旧费用。请填制通用记账凭证。

固定资产折旧计算表

2008 年 12 月 31 日

使用单位	上月固定资产折旧额	本月增加固定资产应计提折旧额	本月减少固定资产应计提折旧额	本月应计提的折旧额
生产车间	76 000.00	2 000.00		78 000.00
厂　部	26 000.00		1 000.00	25 000.00
合　计	102 000.00	2 000.00	1 000.00	103 000.00

主管：赵萌　　　　审核：王花　　　　制表：林丽

图 3－15

8. 结转本月销售成本（见图 3－16）。

良工机械厂产品出库单

2008 年 12 月 31 日

收货单位：

货号	名称及规格	单位	数量	单位成本	金额	备注
A 型	鼓风机	台	120	14 870.00	1 784 400.00	
B 型	散热器	台	300	1 880.00	564 000.00	
	合　计				2 348 400.00	

主管：赵萌　　　　审核：王花　　　　制表：林丽

图 3－16

第四章 会计账簿登记专项实验

一、实验目的

通过实验，使学生掌握三栏式库存现金日记账、银行存款日记账和有关明细账的登记方法。深入理解总分类账和明细分类账之间的平行登记规则，掌握总分类账登记的基本方法。

二、实验要求

1. 能够审核记账凭证，并且能够根据记账凭证登记相关的日记账和明细分类账，掌握过账的方法。

2. 掌握明细分类账和总分类账之间平行登记的规则，并且能够根据经济业务的需要开设相关的总分类账和明细分类账。

三、实验步骤

1. 认真阅读所给资料，分析判断记账凭证的正误，以及涉及的账簿。

2. 按照账簿登记的基本要素，登记相关的会计账簿。会计账簿登记的基本要素是：账簿的名称；账簿登记的日期；经济业务内容摘要、数量、单价和金额等。

3. 记账时，将会计凭证的日期、编号、业务内容、摘要、金额等逐项记入账内。为了防止重记、漏记和便于查对，凡已经记账的会计凭证应该注明已登账的符号，如“√”，并由记账人员在会计凭证中相应会计科目旁签名或盖章。

四、例题

（一）日记账的登记

日记账可以分为普通日记账和特种日记账，我国企业会计实务中，主要设置的是特种日记账，即库存现金日记账和银行存款日记账，均采用订本式账簿，专门用于核算货币资金的收、付情况。

例4-1 以下业务均根据审核无误的原始凭证，编制了正确的记账凭证，请根据记账凭证登记相关的账簿，假设银行存款期初余额为1 008 400元。

1. 2008年6月1日，购买办公用品一批，通过转账支票1 600元支付。

付款凭证

贷方科目：银行存款　　2008年6月1日　　银付 字第 1 号

摘要	借方科目		金额									记账
	总账科目	明细科目	百	十	万	千	百	十	元	角	分	
购办公用品	管理费用	办公费				1	6	0	0	0	0	
合计金额（大写） 壹仟陆佰元整					¥	1	6	0	0	0	0	

2. 2008 年 6 月 2 日，通过转账支票 1 800 元向新城公司支付前欠货款。

付 款 凭 证

贷方科目：银行存款　　　　2008 年 6 月 2 日　　　　银付 字第 2 号

摘 要	借方科目		金 额									记账
	总账科目	明细科目	百	十	万	千	百	十	元	角	分	
支付前欠货款	应付账款	新城公司				1	8	0	0	0	0	
合计金额（大写）	壹仟捌佰元整				¥	1	8	0	0	0	0	

3. 2008 年 6 月 3 日，从银行提取现金 5 000 元备用。

付 款 凭 证

贷方科目：银行存款　　　　2008 年 6 月 3 日　　　　银付 字第 3 号

摘 要	借方科目		金 额									记账
	总账科目	明细科目	百	十	万	千	百	十	元	角	分	
提现备用	库存现金					5	0	0	0	0	0	
合计金额（大写）	伍仟元整				¥	5	0	0	0	0	0	

4. 2008 年 6 月 4 日，银行通知收到隆兴公司交来的上月货款 70 000 元。

收款凭证

借方科目：银行存款　　　　2008 年 6 月 4 日　　　　银收 字第 1 号

摘要	贷方科目		金额									记账
	总账科目	明细科目	百	十	万	千	百	十	元	角	分	
收到上月销货款	应收账款	隆兴公司			7	0	0	0	0	0	0	
合计金额（大写） 柒万元整				¥	7	0	0	0	0	0	0	

5. 2008 年 6 月 5 日，向银行借款 200 000 元，期限 6 个月，款项已到账。

收款凭证

借方科目：银行存款　　　　2008 年 6 月 5 日　　　　银收 字第 2 号

摘要	贷方科目		金额									记账
	总账科目	明细科目	百	十	万	千	百	十	元	角	分	
取得短期借款	短期借款			2	0	0	0	0	0	0	0	
合计金额（大写） 贰拾万元整			¥	2	0	0	0	0	0	0	0	

6. 2008 年 6 月 6 日，采购机器设备 170 000 元，已经交付使用，款项已经转账支付。

付款凭证

贷方科目：银行存款　　　　2008 年 6 月 6 日　　　　银付 字第 4 号

摘要	借方科目		金额									记账
	总账科目	明细科目	百	十	万	千	百	十	元	角	分	
购机器设备	固定资产	机器设备		1	7	0	0	0	0	0	0	
合计金额（大写）	壹拾柒万元整		¥	1	7	0	0	0	0	0	0	

例题解答

根据上述资料，登记银行存款日记账如下：

银行存款日记账

第 × 页

2008 年		凭证号	摘　要	对方科目	借　方	贷　方	金　额
月	日						
6	1		期初余额				1 008 400
	1	银付 1	购办公用品	管理费用		1 600	1 006 800
	2	银付 2	支付欠款	应付账款		1 800	1 005 000
	3	银付 3	提现备用	库存现金		5 000	1 000 000
	4	银收 1	收到上月货款	应收账款	70 000		1 070 000
	5	银收 2	取得短期借款	短期借款	200 000		1 270 000
	6	银付 4	购机器设备	固定资产		170 000	1 100 000

（二）分类账的登记

分类账按照详细程度，分为总分类账和明细分类账。

总分类账是按照总分类账户系统分类登记全部经济业务的账簿，它能够全面、概括地反映特定会计主体一定会计期间的经济活动情况，总分类账簿必须按照会计科目的编码顺序分设，总分类账簿采用的是订本式账簿。

明细分类账是根据明细科目开设，用于分类、连续和详细记录有关资产、负债、所有者权益等会计要素的系统资料，一般根据总分类账的需要设置若干明细账户，一般采用活页式账簿，并且包括三栏式明细分类账、数量金额式明细分类账和多栏式明细分类账三种格式。

总分类账对其所属的明细分类账起着统驭和控制的作用，而明细分类账对其总账起着辅助和具体说明的作用。总分类账与明细分类账之间必须采用平行登记的方法。

例4－2 华明公司2008年6月1日“应付账款”和“库存商品”账户的期初余额如下：

（1）“应付账款”账户

A公司：65 000元（贷方）

B公司：75 000元（贷方）

（2）“库存商品”账户

落地扇：1 000台，单价60元，小计：60 000元

吊　扇：2 000台，单价50元，小计：100 000元

华明公司6月份发生如下经济业务，以下业务均根据审核无误的原始凭证，编制了正确的记账凭证，请根据记账凭证登记“应付账款”和“库存商品”的总分类账簿和明细分类账簿。

（1）2008年6月2日，从A公司购入落地扇500台，单价60元，货物已验收入库，货款尚未支付。

转账凭证

2008 年 6 月 2 日　　　　转 字第 1 号

摘要	会计科目		金额								金额								账页
	总账科目	明细科目	十	万	千	百	十	元	角	分	十	万	千	百	十	元	角	分	
赊购落地扇	库存商品	落地扇		3	0	0	0	0	0	0									
	应付账款	A 公司										3	0	0	0	0	0	0	
合　计			¥	3	0	0	0	0	0	0	¥	3	0	0	0	0	0	0	

（2）2008 年 6 月 2 日，从 B 公司购入吊扇 200 台，单价 50 元，货物已验收入库，货款尚未支付。

转账凭证

2008 年 6 月 2 日　　　　转 字第 2 号

摘要	会计科目		金额								金额								账页
	总账科目	明细科目	十	万	千	百	十	元	角	分	十	万	千	百	十	元	角	分	
赊购吊扇	库存商品	吊扇		1	0	0	0	0	0	0									
	应付账款	B 公司										1	0	0	0	0	0	0	
合　计			¥	1	0	0	0	0	0	0	¥	1	0	0	0	0	0	0	

（3）2008 年 6 月 4 日，销售发出吊扇 500 台。

转账凭证

2008 年 6 月 4 日　　　　转 字第 3 号

摘要	会计科目		金额								金额								账页
	总账科目	明细科目	十	万	千	百	十	元	角	分	十	万	千	百	十	元	角	分	
销售发出吊扇	主营业务成本			2	5	0	0	0	0	0									
	库存商品	吊扇										2	5	0	0	0	0	0	
合计			¥	2	5	0	0	0	0	0	¥	2	5	0	0	0	0	0	

（4）2008 年 6 月 5 日，销售发出落地扇 300 台。

转账凭证

2008 年 6 月 5 日　　　　转 字第 4 号

摘要	会计科目		金额								金额								账页
	总账科目	明细科目	十	万	千	百	十	元	角	分	十	万	千	百	十	元	角	分	
销售发出落地扇	主营业务成本			1	8	0	0	0	0	0									
	库存商品	落地扇										1	8	0	0	0	0	0	
合计			¥	1	8	0	0	0	0	0	¥	1	8	0	0	0	0	0	

（5）2008 年 6 月 6 日，支付前欠 A 公司的购货款 65 000 元，款项已经转账支付。

付款凭证

贷方科目：银行存款　　2008 年 6 月 6 日　　银付 字第 1 号

摘要	借方科目		金额									记账
	总账科目	明细科目	百	十	万	千	百	十	元	角	分	
支付前欠购货款	应付账款	A 公司			6	5	0	0	0	0	0	
合计金额（大写）陆万伍仟元整				¥	6	5	0	0	0	0	0	

（6）2008 年 6 月 7 日，支付前欠 B 公司的购货款 75 000 元，款项已经转账支付。

付款凭证

贷方科目：银行存款　　2008 年 6 月 7 日　　银付 字第 2 号

摘要	借方科目		金额									记账
	总账科目	明细科目	百	十	万	千	百	十	元	角	分	
支付前欠购货款	应付账款	B 公司			7	5	0	0	0	0	0	
合计金额（大写）柒万伍仟元整				¥	7	5	0	0	0	0	0	

例题解答

根据上述资料，登记相关总分类账和明细分类账如下：

1. 总分类账簿

总分类账

账户名称：应付账款

2008年		凭证号	摘　要	借　方	贷　方	借或贷	余　额
月	日						
6	1		期初余额			贷	140 000
	2	转字1	赊购		30 000	贷	170 000
	2	转字2	赊购		10 000	贷	180 000
	6	银付1	还款	65 000		贷	115 000
	7	银付2	还款	75 000		贷	40 000

总分类账

账户名称：库存商品

2008年		凭证号	摘　要	借　方	贷　方	借或贷	余　额
月	日						
6	1		期初余额			借	160 000
	2	转字1	购入	30 000		借	190 000
	2	转字2	购入	10 000		借	200 000
	4	转字3	发出		25 000	借	175 000
	5	转字4	发出		18 000	借	157 000

2. 三栏式明细分类账簿

应付账款明细账

二级科目或明细科目：A 公司

2008 年		凭证号	摘 要	借 方	贷 方	借或贷	余 额
月	日						
6	1		期初余额			贷	65 000
	2	转字 1	赊购		30 000	贷	95 000
	6	银付 1	还款	65 000		贷	30 000

应付账款明细账

二级科目或明细科目：B 公司

2008 年		凭证号	摘 要	借 方	贷 方	借或贷	余 额
月	日						
6	1		期初余额			贷	75 000
	2	转字 2	赊购		10 000	贷	85 000
	7	银付 2	还款	75 000		贷	10 000

3. 数量金额式明细分类账簿

库存商品明细账

类别：

品名和规格：落地扇　　　　计量单位：台

编号：　　　　存放地点：$3^{\#}$库

2008 年		凭证号	摘 要	收 入			发 出			结 存		
月	日			数量	单价	金额	数量	单价	金额	数量	单价	金额
6	1		期初余额							1 000	60	60 000
	2	转字 1	购 入	500	60	30 000				1 500	60	90 000
	5	转字 4	发 出				300	60	18 000	1 200	60	72 000

库存商品明细账

类别：

品名和规格：吊　扇　　　　计量单位：台

编号：　　　　存放地点：4#库

2008年		凭证号	摘　要	收　入			发　出			结　存		
月	日			数量	单价	金额	数量	单价	金额	数量	单价	金额
6	1		期初余额							2 000	50	100 000
	2	转字2	购　入	200	50	10 000				2 200	50	110 000
	4	转字3	发　出				500	50	25 000	1 700	50	85 000

五、专项实验训练

以下业务均根据审核无误的原始凭证，编制了正确的记账凭证，请根据记账凭证登记相关的账簿，假设库存现金期初余额为1 200元。

1. 2008年1月1日，购买办公用品一批，支付现金600元。

付 款 凭 证

贷方科目：库存现金　　2008年1月1日　　现付 字第 1 号

摘 要	借方科目		金 额									记账
	总账科目	明细科目	百	十	万	千	百	十	元	角	分	
购办公用品	管理费用	办公费					6	0	0	0	0	
合计金额（大写）	陆佰元整					¥	6	0	0	0	0	

2. 2008年1月2日，向快递公司支付现金800元的信件快递费用。

付款凭证

贷方科目：库存现金　　2008年1月2日　　现付 字第 2 号

摘要	借方科目		金额									记账
	总账科目	明细科目	百	十	万	千	百	十	元	角	分	
支付快递费用	管理费用	办公费					8	0	0	0	0	
合计金额（大写）	捌佰元整					¥	8	0	0	0	0	

3. 2008年1月3日，将现金5 000元存入银行。

付款凭证

贷方科目：库存现金　　2008年1月3日　　现付 字第 3 号

摘要	借方科目		金额									记账
	总账科目	明细科目	百	十	万	千	百	十	元	角	分	
存现金	银行存款					5	0	0	0	0	0	
合计金额（大写）	伍仟元整				¥	5	0	0	0	0	0	

4. 2008 年 1 月 4 日，现金支付招待费 900 元。

付款凭证

贷方科目：库存现金　　　　2008 年 1 月 4 日　　　　现付 字第 4 号

摘要	借方科目		金额									记账
	总账科目	明细科目	百	十	万	千	百	十	元	角	分	
支付招待费	管理费用	招待费					9	0	0	0	0	
合计金额（大写）	玖佰元整					¥	9	0	0	0	0	

5. 2008 年 1 月 5 日，收到员工李默交还的借款 2 000 元。

收款凭证

借方科目：库存现金　　　　2008 年 1 月 5 日　　　　现收 字第 1 号

摘要	贷方科目		金额									记账
	总账科目	明细科目	百	十	万	千	百	十	元	角	分	
收回李默的借款	其他应收款	员工借款				2	0	0	0	0	0	
合计金额（大写）	贰仟元整				¥	2	0	0	0	0	0	

6. 2008 年 1 月 6 日，员工张华预借差旅费 3 000 元。

付款凭证

贷方科目：库存现金　　　　2008 年 1 月 6 日　　　　现付 字第 5 号

摘要	借方科目		金额									记账
	总账科目	明细科目	百	十	万	千	百	十	元	角	分	
张华预借差旅费	其他应收款	员工借款				3	0	0	0	0	0	
合计金额（大写）	叁仟元整				¥	3	0	0	0	0	0	

第五章 财务报表编制专项实验

一、实验目的

通过设置财务报表编制的专项实验，帮助学生理解编制财务报表的一般程序，并使学生初步掌握资产负债表、利润表的编制原理和基本方法。

二、实验要求

根据以下所给的资料，正确编制本月的利润表及月末的资产负债表。

三、实验步骤

1. 认真阅读所给资料，分析判断编制利润表和资产负债表的依据。

2. 按照规定的方法填列利润表和资产负债表中的项目。

3. 根据利润表和资产负债表之间的勾稽关系，检查财务报表编制的正确性。

四、实验资料

B公司2008年12月本期发生额及余额的试算平衡表如表5－1、表5－2所示：

表5－1　　本期发生额试算平衡表（结转收支前）　　单位：元

账　户	借方发生额	贷方发生额
库存现金	15 750	5 700
银行存款	7 800 360	7 651 500
交易性金融资产	30 600	15 150
应收账款——A	491 400	0
其他应收款	4 500	4 500
预付账款——B	300 000	0
在途物资	990 000	465 000
原材料	465 000	420 300
库存商品	553 500	276 750
待摊费用	180 000	15 000
长期股权投资	904 500	0
固定资产	5 724 000	495 000
累计折旧	8 250	16 500
工程物资	3 540 000	2 124 000
在建工程	4 524 000	4 524 000
固定资产清理	585 000	585 000
无形资产	600 000	0
短期借款	300 000	450 000
应付账款——C	0	614 250
预收账款——D	0	300 000
应付职工薪酬	450 000	721 500
应付股利	0	150 000

续表

账　户	借方发生额	贷方发生额
应交税费——应交增值税	165 750	180 285
应交税费——应交所得税	0	199 475. 60
应交税费——应交城市维护建设税	0	1 017. 45
应交税费——教育费附加	0	436. 05
应付利息	0	2 250
长期借款	0	5 160 000
股本	0	2 700 000
资本公积	0	300 000
盈余公积	0	101 248. 98
本年利润	1 115 625	1 115 625
利润分配	251 248. 98	404 995. 90
生产成本——甲	338 437. 50	338 437. 50
生产成本——乙	215 062. 50	215 062. 50
制造费用	116 700	116 700
主营业务收入	1 050 000	1 050 000
其他业务收入	10 500	10 500
投资收益	825	825
公允价值变动损益	300	300
营业外收入	54 000	54 000
主营业务成本	276 750	276 750
营业税金及附加	1 453. 50	1 453. 50
其他业务成本	9 300	9 300
销售费用	64 200	64 200
管理费用	141 300	141 300
财务费用	13 500	13 500
营业外支出	4 650	4 650
所得税费用	199 475. 60	199 475. 60
合　计	31 495 938. 08	31 495 938. 08

注：应收、预收账款账户，应付、预付账款账户，生产成本账户和应交税费账户列出一级明细，其余均为总账账户。

表 5－2　　期末余额试算平衡表（结转收支后）　　单位：元

账　户	期末借方余额	期末贷方余额
库存现金	10 050	
银行存款	148 860	
交易性金融资产	15 450	
应收账款——A	491 400	
预付账款——B	300 000	
在途物资	525 000	
原材料	44 700	
库存商品	276 750	
待摊费用	165 000	
长期股权投资	904 500	
固定资产	5 229 000	
累计折旧		8 250
工程物资	1 416 000	
无形资产	600 000	
短期借款		150 000
应付账款——C		614 250
预收账款——D		300 000
应付职工薪酬		271 500
应付股利		150 000
应交税费——应交增值税		14 535
应交税费——应交所得税		199 475.60
应交税费——应交城市维护建设税		1 017.45
应交税费——教育费附加		436.05
应付利息		2 250

续表

账 户	期末借方余额	期末贷方余额
长期借款		5 160 000
股本		2 700 000
资本公积		300 000
盈余公积		101 248. 98
利润分配		153 746. 92
合 计	10 126 710	10 126 710

注：应收、预收账款账户，应付、预付账款账户和应交税费账户列出一级明细，其余均为总账账户。

五、实验思考

1. 为什么要编制资产负债表和利润表？
2. 编制资产负债表和利润表应注意什么问题？
3. 资产负债表和利润表之间有什么勾稽关系？

六、实验报告

实验结束后，编写实验报告。其内容包括：
1. 实验内容。
2. 实验中的问题及解决方法。
3. 实验中的体会及建议。

七、参考答案

1. 资产负债表

资产负债表

会企 01 表

编制单位：B 公司　　2008 年 12 月 31 日　　单位：元

资产	年初余额	期末余额	负债和所有者权益（或股东权益）	年初余额	期末余额
流动资产：			流动负债：		
货币资金		158 910	短期借款		150 000
交易性金融资产		15 450	交易性金融负债		
应收票据			应付票据		
应收账款		491 400	应付账款		614 250
预付款项		300 000	预收款项		300 000
应收利息			应付职工薪酬		271 500
应收股利			应交税费		215 464.10
其他应收款			应付利息		2 250
存货		846 450	应付股利		150 000
一年内到期的非流动资产		165 000	其他应付款		
其他流动资产			一年内到期的非流动负债		
流动资产合计		1 977 210	其他流动负债		
非流动资产：			流动负债合计		1 703 464.10
可供出售金融资产			非流动负债：		
持有至到期投资			长期借款		5 160 000
长期应收款			应付债券		
长期股权投资		904 500	长期应付款		
投资性房地产			专项应付款		
固定资产		5 220 750	预计负债		
在建工程			递延所得税负债		
工程物资		1 416 000	其他非流动负债		
固定资产清理			非流动负债合计		5 160 000

续表

资产	年初余额	期末余额	负债和所有者权益（或股东权益）	年初余额	期末余额
生产性生物资产			负债合计		6 863 464. 10
油气资产			所有者权益（或股东权益）：		
无形资产		600 000	实收资本（或股本）		2 700 000
开发支出			资本公积		300 000
商誉			减：库存股		
长期待摊费用			盈余公积		101 248. 98
递延所得税资产			未分配利润		153 746. 92
其他非流动资产			所有者权益（或股东权益）合计		3 254 995. 90
非流动资产合计		8 141 250			
资产总计		10 118 460	负债和所有者权益（或股东权益）总计		10 118 460

2. 利润表

利润表

会企 02 表

编制单位：B 公司　　2008 年 12 月　　单位：元

项　目	本期金额	上期金额（略）
一、营业收入	1 060 500	
减：营业成本	286 050	
营业税金及附加	1 453. 50	
销售费用	64 200	
管理费用	141 300	
财务费用	13 500	

续表

项　目	本期金额	上期金额（略）
资产减值损失		
加：公允价值变动收益（损失以“－”填列）	300	
投资收益（损失以“－”号填列）	825	
其中：对联营企业和合营企业的投资收益		
二、营业利润（亏损以“－”号填列）	555 121.50	
加：营业外收入	54 000	
减：营业外支出	4 650	
其中：非流动资产处置损失		
三、利润总额（亏损总额以“－”号填列）	604 471.50	
减：所得税费用	199 475.60	
四、净利润（净亏损以“－”号填列）	404 995.90	
五、每股收益：		
（一）基本每股收益		
（二）稀释每股收益		

第六章 综合实验

一、实验目的

综合运用会计学原理课程所学的理论方法，在各专项实验训练的基础上，培养较为全面的会计核算技能。

二、实验内容

综合实验包含了会计凭证的填制、日记账和明细账簿的登记、根据科目汇总表账务处理程序完成总分类账簿的登记，最终编报本月的资产负债表和利润表。

综合实验是一个企业会计工作循环的模拟，设计的实验内容是相互联系的。为了实验课堂教学的需要，实验内容分成了相对独立的四个模块。在教学过程中可以根据课时安排按照四个阶段依次完成。

三、实验资料

（一）模拟实验企业基本情况

1. 企业名称：龙江电风扇厂
2. 主要产品：落地扇、吊扇
3. 开户银行及账号：龙江商业银行十五支行（211040065－96）
4. 经济性质、纳税人类型及税务登记号：国有、增值税一般纳税人、130102100120056
5. 机构设置：厂部，生产车间，专设销售机构，厂部一级核算
6. 地址：龙江市和平路17号

（二）模拟实验企业会计核算的有关规定

1. 会计核算形式

本企业采用的会计核算形式为科目汇总表账务处理程序。工作原理如下图所示：

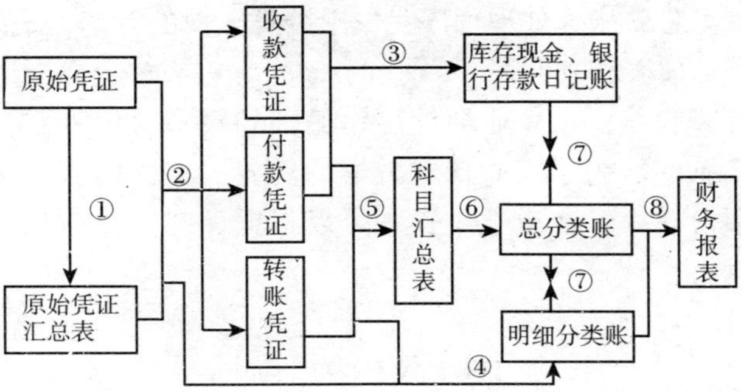

科目汇总表账务处理程序

2. 模拟实验企业常用的会计科目

会计科目表

科目	科目
一、资产类	二、负债类
库存现金	短期借款
银行存款	应付账款
应收票据	应付职工薪酬
应收账款	应交税费
预收账款	应付利息
其他应收款	长期借款
在途物资	三、所有者权益类
原材料	实收资本
库存商品	资本公积
长期股权投资	盈余公积
工程物资	本年利润
在建工程	利润分配
固定资产	四、收入类
累计折旧	主营业务收入
无形资产	其他业务收入
长期待摊费用	营业外收入
生产成本	五、费用类
制造费用	主营业务成本
	营业税金及附加
	其他业务成本
	销售费用
	管理费用
	财务费用
	营业外支出

3. 材料、产成品收发的计价

材料、产成品的收发均按实际成本计价，发出单价按先进先出法计算。

复式记账凭证的填制

（一）实验资料

龙江电风扇厂2008年6月21～30日发生的部分经济业务及其原始凭证如下：

1. 6月21日，向银行借款，存入银行存款户。

借　款　借　据（代收账通知）

贷出日期　2008年6月21日

借款单位	龙江电风扇厂		借款户名称		211040065－96								
			存款户名称										
人民币（大写）：伍拾万元整				千	百	十	万	千	百	十	元	角	分
					¥	5	0	0	0	0	0	0	0
借款种类	临　时	约定还款日2008年9月21日					利率		10%				
实际支款用途	购　货	展期到期日　年　月　日					利率						
借款单位预留财务专用章及法人代表签章		担保单位户名			担保单位公章								
		担保单位账号			担保单位法人代表章								
		担保单位开户银行											

第四联　借款借据

龙江电风扇厂 ★ 财务专用章（实习）

张平之印

龙江商业银行 十五支行 2008.6.21 转讫（实习模拟）

行长　李岩峰　　科（处）长　张　颖　　信贷员　王　超　　记账

2. 6月21日，购入机床。

龙江商业银行转账支票存根

支票号码　2834534

科　　目　银行存款

对方科目　固定资产

签发日期　2008年6月21日

收款人	宁华机床厂
金额	¥37 000.00
用途	购机床款
备注	刘　刚

单位主管　张锡明　会计　李　彬

复　　核　　　　记账

工业企业销售统一发票

工销六字

购货单位：龙江电风扇厂　　2008年6月21日　　№ 86357

货号	品名	规格型号	计量单位	数量	单价	金额								备注
						十	万	千	百	十	元	角	分	
	机床	130	台	1	37 000		3	7	0	0	0	0	0	
送单号　第　号计　件			结算方式											
合计金额（大写）叁万柒仟元整						¥	3	7	0	0	0	0	0	

开票单位：　　　　经办人　刘

采购设备入库单

交库单位　宁华机床厂　　　　2008 年 6 月 21 日　　　　№　8888

编号	品名	规格	单位	收入数量	单价	金额	运费	金额 十	万	千	百	十	元	角	分
	机床	130	台	1	37 000	37 000.00			3	7	0	0	0	0	0
合计(大写)	叁万柒仟元整							¥	3	7	0	0	0	0	0

第二联　记账联

财务主管：张锡明　供应科长：岳景峰　仓库验收：赵秀香　采购员：张宁

3. 6 月 21 日，购入一批办公用品，价款 5 000 元已支付。

龙江市商业零售企业统一发票

№　0974625

购货单位：龙江电风扇厂　　　　2008 年 6 月 22 日　　　　第二联：发票联

货号	名称	规格	等级	单位	数量	单价	金额 十	万	千	百	十	元	角	分
	[illegible]纸			箱	10	250.00			2	5	0	0	0	0
	计算器			[illegible]	10	150.00			1	5	0	0	0	0
	账簿			本	80	12.50			1	0	0	0	0	0
合计金额（大写）伍仟元整								¥	5	0	0	0	0	0

此联为报销凭据

开票单位　　　　　　　　经办人　伍剑锋

龙江商业银行转账支票存根

支票号码　2834535
科　　目　银行存款
对方科目　管理费用
签发日期　2008 年 6 月 21 日

收款人	文宇办公用品商店
金额	¥5 000.00
用途	购办公用品款
备注	

单位主管　张锡明　会计　李　彬
复　　核　　　　　记账

4. 6 月 21 日，提取现金，以备零星使用。

龙江商业银行现金支票存根

支票号码　2834536
科　　目　银行存款
对方科目　库存现金
签发日期　2008 年 6 月 21 日

收款人	张旭然
金额	¥4 300.00
用途	零星开支
备注	

单位主管　张锡明　会计　李　彬
复　　核　　　　　记账

5. 6月21日，开出转账支票支付电话费。

龙江市电信租费收据

№ 7649

收款日期　2008年6月21日

用户名称　龙江电风扇厂

龙江市电信分公司
发票专用章
（实习）

电话号	合同号
市话费	4 250
长话费	1 860
上网费	1 000
金额合计	7 110
滞纳金	0.00
实收费	¥7 110

合计人民币（大写）柒仟壹佰壹拾元整

经手人：乔兰

龙江商业银行转账支票存根

支票号码　2834537

科　　目　银行存款

对方科目　管理费用

签发日期　2008年6月21日

收款人	龙江市电信分公司
金额	¥7 110.00
用途	电话费
备注	夏婉莹

单位主管　张锡明　会计　李　彬

复　　核　　　记账

6. 6月21日，支付快递费。

全国统一发票监制章 实习模拟

商业企业专用发票

客户名称：龙江电风扇厂　　2008年6月21日　　No 0087226

项目	规格	单位	数量	单价	金额							
					十	万	千	百	十	元	角	分
快递费	包裹	件	33	20.00				6	6	0	0	0
合计金额（大写）（陆佰陆拾元整							¥	6	6	0	0	0

第二联　报销凭证

中通达速递公司 财务专用章 （实习）

开票单位　　开票人　华丽

7. 6月21日，预借差旅费。

借款申请单

2008年6月21日

部门	人事科	借款人	李丽
借支金额	人民币（大写）叁仟元整		小写 ¥3 000
借款事由	赴杭州参加招聘会		
核　批	同　意　　张锡明　2008年6月21日		

会计　岳景峰　　出纳　许明　　制单　华丽　　领款人　李丽

8. 6月21日，支付招待费。

全国统一发票监制章 实习模拟

服务性行业专用发票

客户名称：龙江电风扇厂　　　2008年6月21日　　　№ 0067297

项目	人数	天数	单价	金额							
				十	万	千	百	十	元	角	分
住宿费		3	200.00				6	0	0	0	0
合计金额（大写）：陆佰元整						¥	6	0	0	0	0

第二联 报销凭证

开票单位　龙江幸福宾馆 财务专用章（实习）　　　开票人　李

9. 6月22日，领用原材料用于行政管理部门。

领　料　单

领料单位：后勤科　　　2008年6月22日　　　№ 83561

制品名称			领料用途　产品展厅装修												
编号	品名	规格	单位	数量		单价	金额								备注
				请领	实发		十	万	千	百	十	元	角	分	
	塑料板	1cm	吨	0.1	0.1	3 900				3	9	0	0	0	
附件：				1	张	合计			¥	3	9	0	0	0	

第二联 记账联

主管：张　明　　会计：张锡明　　发料人：赵秀香　　领料人：张　武

10. 6月22日，采购员购买一批铝板。

龙江商业银行转账支票存根

支票号码 2834538

科　　目 银行存款

对方科目 在途物资

签发日期 2008年6月22日

收款人	龙德铝材厂
金额	¥52 650.00
用途	购料款
备注	李铭昊

单位主管 张锡明　会计 李　彬

复　　核　　　　记账

××省增值税专用发票

开票日期：2008年6月22日　　　　№ 02222

购货单位	名　称	龙江电风扇厂			纳税人登记号										130102100120056									
购货单位	地址电话	龙江市和平路17号			开户银行及账号										龙商行15支行 211040065－96									
商品名称	计量单位	数量	单价	金额									税率%	税额								
				百	十	万	千	百	十	元	角	分		百	十	万	千	百	十	元	角	分
铝　板	吨	10	4 500			4	5	0	0	0	0	0	17				7	6	5	0	0	0
					¥	4	5	0	0	0	0	0				¥	7	6	5	0	0	0
价税合计（大写）：伍万贰仟陆佰伍拾元整													¥52 650.00元									
销货单位	名称	龙德铝材厂			纳税人登记号										2505032003740062									
销货单位	地址电话	南岗路32号			开户银行及账号										商业银行六分行 254274017－38									

第二联　购货方记账凭证

收款人：张淑萍　　　开票单位（未盖章无效）　　　结算方式：支票

（印章：统一发票监制 实习模拟；龙德铝材厂 财务专用章（实习））

11. 在6月22日从龙德铝材厂购买的铝板已经送达，验收入库。

材料入库通知单

龙江电风扇厂　　　　2008年6月22日　　　　№　73548

材料名称	材质	规格	单位	数量		单价	金额	运杂费	金额合计	发货单位	
				凭证	实收						
铝板		φ2mm	吨	1	10		45 000.00		45 000.00	合同号	
合计									¥45 000.00		

第二联　记账联

财务主管：张锡明　　供应科长：岳景峰　　仓库验收：赵秀香　　采购员：张宁

12. 6月23日，第一车间领料。

领　料　单

领料单位：第一车间　　　　2008年6月23日　　　　№　83568

制品名称　落地扇			领料用途　生产产品												
编号	品名	规格	单位	数量		单价	金额								备注
				请领	实发		十	万	千	百	十	元	角	分	
	铝板	2mm	吨	15	10	4 400		4	4	0	0	0	0	0	
					5	4 500		2	2	5	0	0	0	0	
附件：			1	张		合计	¥	6	6	5	0	0	0	0	

第二联　记账联

主管：张　明　　会计：张锡明　　发料人：赵秀香　　领料人：张　小

13. 6 月 23 日，银行结算第二季度银行贷款利息。

龙江商业银行 特种转账传票

2008 年 6 月 23 日

收款人	全称	利息收入		付款人	全称	龙江电风扇厂	
	账号或地址				账号或地址	211040065－96	
	开户银行	龙商十五支行	行号 065		开户银行	龙商	行号 065

金额	人民币（大写）：壹万贰仟元整	百	十	万	千	百	十	元	角	分
			¥	1	2	0	0	0	0	0

原凭证金额		赔偿金		借方科目 ________
原凭证名称		号 码		贷方科目 ________
转账原因		银行盖章		会计 复核 记账 制票

龙江商业银行十五支行
2008.6.23
（实习模拟）
转 讫
（15）

14. 6 月 23 日，第二车间领料。

领 料 单

领料单位：第二车间　　　2008 年 6 月 23 日　　　№ 83568

制品名称 吊扇			领料用途 生产产品												
编号	品名	规格	单位	数量		单价	金额								备注
				请领	实发		十	万	千	百	十	元	角	分	
	塑料板	1cm	吨	4.9	4.9	3 900		1	9	1	1	0	0	0	
附件：		1	张			合计	¥	1	9	1	1	0	0	0	

第二联 记账联

主管：张 明　　会计：张锡明　　发料人：赵秀香　　领料人：周 武

15. 6月23日，销售产品一批，货物已发出，款项尚未收到。

产品出库单

提货单位：长乐公司　　　　2008年6月23日　　　　№ 63568

编号	品名	规格	单位	数量	单价	金额									备注
						百	十	万	千	百	十	元	角	分	
	吊扇	75cm	台	5 000	42.00		2	1	0	0	0	0	0	0	
合计						¥	2	1	0	0	0	0	0	0	

第三联 记账联

经理：张明　　会计主管：张锡明　　仓库保管：赵秀香　　经办人：张宁

××省增值税专用发票

开票日期：2008年6月23日　　　　№

购货单位	名称	长乐公司	纳税人登记号	254274077－37
	地址电话	长乐街20号	开户银行及账号	商业银行七分行

商品名称	计量单位	数量	单价	金额									税率%	税额								
				百	十	万	千	百	十	元	角	分		百	十	万	千	百	十	元	角	分
75cm吊扇	台	5 000	100		5	0	0	0	0	0	0	0	17			8	5	0	0	0	0	0
				¥	5	0	0	0	0	0	0	0			¥	8	5	0	0	0	0	0

价税合计（大写）：伍拾捌万伍仟元整　　　　¥：585 000.00元

销货单位	名称	龙江电风扇厂	纳税人登记号	130102100120056
	地址电话	龙江市和[illegible]路17号	开户银行及账号	龙商行十五支行 211040065－96

第四联 售货方记账

收款人：张淑萍　　开票单位（未盖章无效）　　结算方式：托收承付

托收承付结算凭证（回单）

第　号

委托日期　2008 年 6 月 23 日　　　托收号码：6366

收款人	全称	龙江电风扇厂	付款人	全称	长乐公司								
	账号	211040065 - 96		账号	254274077 - 37								
	开户银行	龙商行十五支行		开户银行	商业银行七分行								
委托收款金额	人民币（大写）	伍拾捌万柒仟肆佰伍拾元整			百	十	万	千	百	十	元	角	分
					¥	5	8	7	4	5	0	0	0
附寄凭证张数		商品发运情况		合同名称号码									
备注	款项收妥日期			收款单位开户银行盖章									

此联是收款单位开户行给收款单位的回单

龙江商业银行 十五支行 2008.6.23 结算业务章（实习模拟）

全国统一发票监制章 全国模拟 税务局监制

铁路局运杂费专用发票

运输号码：6687　　　2008 年 6 月 23 日　　　龙江铁路局

发站	龙江	到站	廊坊	车种车号		货车自重	
集装箱型	TV	运到期限		保价金额		运价里程	
收货人 全称	长乐公司		托运人 全称		龙江电风扇厂	现付费用	
收货人 地址	长乐街 20 号		托运人 地址		龙江市和平路 17 号	项目	金额
货物名称	件数	货物重量	计费重量	运价号	运价率 / 附记	运费	2 300.00
吊扇	50	300kg				保险费	100.00
						使用费	50.00
发货人声明事项							
铁路声明事项						合计	2 450.00

②报销凭证

龙江铁路局 结算专用章 2008.6.23（实习）

发站承运日期戳　　发站经办人：王树全

16. 6月25日，偿还上月购料款。

龙江商业银行 电汇凭证（回单）

委托日期 2008年6月25日

汇款人	全称	龙江电风扇厂		收款人	全称	龙塑板材厂	
	账号或地址	211040065－96			账号或地址	（略）	
	汇出地点	龙江市	汇出行名称		汇入地点	（略）	汇入行名称（略）

汇款金额	人民币（大写）	百	十	万	千	百	十	元	角	分
	叁拾万陆仟元整	¥	3	0	6	0	0	0	0	0

汇款用途 支付前欠货款	汇出行盖章	2008年6月25日
上列款项已根据委托办理，如需查询，请持此回单来行面洽		

龙江商业银行十五支行
2008.6.25
（实习模拟）
转 讫
（15）

此联汇款人开户行给汇款人的回单

17. 6月25日，开支票支付广告费。

龙江市统一收款收据

客户名称：龙江电风扇厂　　2008年6月25日　　№ 0065291

项目	单位	数量	单价	十	万	千	百	十	元	角	分
产品广告（电视）			81 900.00		8	1	9	0	0	0	0
合计金额（大写）：捌万壹仟玖佰元整				¥	8	1	9	0	0	0	0

龙江电视台广告部
收款专用章
（实习）

第二联 报销凭证

龙江商业银行转账支票存根

支票号码 2834540

科　　目 银行存款

对方科目 销售费用

签发日期 2008 年 6 月 25 日

收款人	龙江电视台广告部
金额	¥81 900.00
用途	广告费
备注	李　健

单位主管 张锡明　会计 李　彬

复　　核　　　　记账

18. 6 月 25 日，职工交来现金，偿还借款。

收　据

2008 年 6 月 25 日　　　　第 97 号

今收到　职工王强					
人民币（大写）：壹仟伍佰元整				¥1 500.00	
事由： 归还前欠家属急诊住院借款				现金	
				支票第　号	
收款单位		财务主管	张锡明	收款人	张芳雨

龙江电风扇厂 ★ 财务专用章（实习）

19. 6月26日，购入材料，验收入库。

收料单

№ 82650

2008年6月26日 单位：元

材料名称	规格	单位	数量		单价	金额	运杂费	金额合计	发货单位	
			凭证	实收					龙塑板材有限公司	
塑料板	1cm	吨	1	20	4 000	80 000.00		¥80 000.00	合同号	F1538

第二联 记账联

财务主管：张锡明 供应科长：岳景峰 仓库验收：赵秀香 采购员：张宁

龙江商业银行 电汇凭证（回单）

委托日期 2008年6月26日

汇款人	全称	龙江电风扇厂		收款人	全称	龙塑板材有限公司		
	账号或地址	211040065－96			账号或地址	811040065－88		
	汇出地点	龙江市	汇出行名称：龙商行十五支行		汇入地点	（略）	汇入行名称	商行八支行
汇款金额	人民币（大写） 玖万叁仟陆佰元整				百十万千百十元角分	¥93600000		
汇款用途 购料款					汇出行盖章	2008年6月26日		
上列款项已根据委托办理，如需查询，请持此回单来行面洽								

此联汇款人开户行给汇款人的回单

龙江商业银行十五支行
2008.6.26
（实习模拟）
转 讫
（15）

××省增值税专用发票

开票日期：2008年6月22日　　　　№

<table>
<tr><td rowspan="2">购货单位</td><td>名称</td><td colspan="3">龙江电风扇厂</td><td>纳税人登记号</td><td colspan="2">130102100120056</td></tr>
<tr><td>地址电话</td><td colspan="3">龙江市和平路17号</td><td>开户银行及账号</td><td colspan="2">龙商行十五支行
211040065－96</td></tr>
<tr><td colspan="2">商品名称</td><td>计量单位</td><td>数量</td><td>单价</td><td>金额（百十万千百十元角分）</td><td>税率%</td><td>税额（百十万千百十元角分）</td></tr>
<tr><td colspan="2">1cm塑料板</td><td>吨</td><td>20</td><td>4 000</td><td>8 0 0 0 0 0 0</td><td>17</td><td>1 3 6 0 0 0 0</td></tr>
<tr><td colspan="2"></td><td></td><td></td><td></td><td></td><td></td><td></td></tr>
<tr><td colspan="2"></td><td></td><td></td><td></td><td>¥ 8 0 0 0 0 0 0</td><td></td><td>¥ 1 3 6 0 0 0 0</td></tr>
<tr><td colspan="6">价税合计（大写）：玖万叁仟陆佰元整</td><td colspan="2">¥93 600.00元</td></tr>
<tr><td rowspan="2">销货单位</td><td>名称</td><td colspan="3">龙塑板材有限公司</td><td>纳税人登记号</td><td colspan="2">333102100120033</td></tr>
<tr><td>地址电话</td><td colspan="3">（略）</td><td>开户银行及账号</td><td colspan="2">商业银行八分行
811040065－88</td></tr>
</table>

第二联 购货方记账凭证

收款人：刘利　　开票单位（未盖章无效）　　结算方式 电汇

（印章：全国统一发票监制章 ××税务局监制；龙塑板材有限公司 财务专用章（实习））

20. 6月26日，收回部分销货款75 000元。

托收承付结算凭证（收账通知）　　第　号

委托日期 2008年6月26日　　托收号码：06666

<table>
<tr><td rowspan="3">收款人</td><td>全称</td><td colspan="2">龙江电风扇厂</td><td rowspan="3">付款人</td><td>全称</td><td>长乐公司</td></tr>
<tr><td>账号或地址</td><td colspan="2">211040065－96</td><td>账号或地址</td><td>（略）</td></tr>
<tr><td>开户银行</td><td colspan="2">龙商行十五支行</td><td>开户银行</td><td></td></tr>
<tr><td>汇款金额</td><td colspan="3">人民币（大写）柒万伍仟元整</td><td colspan="3">百 十 万 千 百 十 元 角 分
¥ 7 5 0 0 0 0 0</td></tr>
<tr><td>附寄单证张数</td><td></td><td colspan="2">商品发送情况</td><td colspan="2">合同名称号码</td><td></td></tr>
<tr><td>备注</td><td colspan="3">款项收妥日期
2008年6月26日</td><td colspan="3">收款人开户银行盖章
年 月 日</td></tr>
</table>

此联是收款人开户银行在款项收妥后给收款人的收款通知

（印章：××商业银行十五支行 2008.6.26 结算业务章（实习模拟））

21. 6月26日，采购原材料一批。

××省增值税专用发票

开票日期：2008年6月26日　　　　No 02226

购货单位 名称	龙江电风扇厂	纳税人登记号	130102100120056
地址电话	龙江市和平路17号	开户银行及账号	龙商行十五支行 211040065－96

商品名称	计量单位	数量	单价	金额 百	十	万	千	百	十	元	角	分	税率%	税额 百	十	万	千	百	十	元	角	分
铝板	吨	10	4 550			4	5	5	0	0	0	0	17				7	7	3	5	0	0
					¥	4	5	5	0	0	0	0				¥	7	7	3	5	0	0

价税合计（大写）：伍万叁仟贰佰叁拾伍元整　　¥53 235.00元

销货单位 名称	龙德铝材厂	纳税人登记号	2505032003740062
地址电话	南岗路32号	开户银行及账号	商业银行六分行 254274017－38

收款人：张淑萍　　开票单位（未盖章无效）　　结算方式：商业汇票

第二联 购货方记账凭证

龙德铝材厂 财务专用章（实习）

材料入库通知单

龙江电风扇厂　　2008年6月26日　　No 73550

材料名称	材质	规格	单位	数量 凭证	数量 实收	单价	金额	运杂费	金额合计	发货单位 龙德
铝板		ф2mm	吨	1	10	4 550.00	45 500.00		45 500.00	合同号
合计									¥45 500.00	

财务主管：张锡明　　供应科长：岳景峰　　仓库验收：赵秀香　　采购员：张宁

第二联 记账联

商业承兑汇票

第 号

签发日期 2008 年 6 月 26 日　　托收号码：

收款人	全称	龙德铝材厂	付款人	全称	龙江电风扇厂
	账号	254274047－38		账号	211040065－96
	开户银行	商业银行六分行		开户银行	龙商行十五支行

汇票金额	人民币（大写）	百	十	万	千	百	十	元	角	分
	伍万叁仟贰佰叁拾伍元整		¥	5	3	2	3	5	0	0

汇票到期日	2008 年 9 月 23 日	合同名称号码	
本汇票已经本单位承兑，到期日无条件支付票款。此致 收款人 付款人（盖章） 2008 年 6 月 26 日		汇票签发人盖章 年 月 日	

22. 6 月 26 日，销售落地扇一批。

××省增值税专用发票

开票日期：2008 年 6 月 26 日　　№ 006007

购货单位 名称	北方公司	纳税人登记号	（略）
地址电话		开户银行及账号	

商品名称	计量单位	数量	单价	金额 百	十	万	千	百	十	元	角	分	税率%	税额 百	十	万	千	百	十	元	角	分
落地扇	台	3 000	200		6	0	0	0	0	0	0	0	17		1	0	2	0	0	0	0	0
				¥	6	0	0	0	0	0	0	0		¥	1	0	2	0	0	0	0	0

价税合计（大写）：柒拾万零贰仟元整　　¥702 000.00 元

销货单位 名称	龙江电风扇厂	纳税人登记号	130102100120056
地址电话	龙江市和平路 17 号	开户银行及账号	龙商行十五支行 211040065－96

第四联 售货方记账

收款人：李良　　开票单位（未盖章无效）　　结算方式：支票

产品出库单

提货单位：宏达公司　　　　2008 年 6 月 26 日　　　　№ 63568

编号	品名	规格	单位	数量	单价	金额									备注
						百	十	万	千	百	十	元	角	分	
	落地扇	45cm	台	3 000	40.00		1	2	0	0	0	0	0	0	
合计						¥	1	2	0	0	0	0	0	0	

第三联　记账联

经理：张明　　会计主管：张锡明　　仓库保管：赵秀香　　经办人：张宁

银行进账单（回单或收款通知）

日期：2008 年 6 月 26 日

收款人	全称	龙江电风扇厂											
	账号	211040065 -96	开户银行	龙商行十五支行									
人民币（大写）	柒拾万零贰仟元整			百	十	万	千	百	十	元	角	分	
				¥	7	0	2	0	0	0	0	0	
付款人账号	付款人名称	票据号码		对方科目									
（略）	北方公司												
备注				复核　记账									

龙江商业银行十五支行
2008. 6. 26
（实习模拟）
转讫
（15）

23. 6月29日，报销差旅费。

差旅费报销单

2008年6月29日　　单位：元

项目	火车费	长途汽车	桥船费	市内交通	行李托运	旅馆费	办公费	住勤费	途中补助	其他费	合计
数量	2	2			5			6			
金额	360	50			280			100		2 820	

单位	人事科	姓名	李丽	人民币合计（大写）贰仟捌佰贰拾元整	
出差地点	杭州市	出差起止日期	2008. 6. 23 ~ 2008. 6. 29	出差事由	参加招聘会

原借款	3 000	实报	2 820	长退或短补	180	领导人签字	张锡明	出差人签字	李丽

会计主管　岳景峰　　记账　李丽　　审核　许明　　附单据6张

24. 领用原材料一批。

领　料　单

领料单位：第二车间　　2008年6月29日　　№ 83568

制品名称　吊扇			领料用途　产品生产												
编号	品名	规格	单位	数量		单价	金额								备注
				请领	实发		十	万	千	百	十	元	角	分	
	塑料板	1cm	吨	5	5	4 000		2	0	0	0	0	0	0	
附件：				1张		合计	¥	2	0	0	0	0	0	0	

第二联　记账联

主管：张　明　　会计：张锡明　　发料人：赵秀香　　领料人：张　三

25. 6月30日，分配结转本月工资费用71 200元。

工资费用计算汇总表

2008年6月30日　　单位：元

车间、部门		应分配金额
车间生产人员工资	生产落地扇工人	30 000
	生产吊扇工人	20 000
	小　计	50 000
车间管理人员		5 000
厂部管理人员		10 200
专设销售机构人员		6 000
合　计		71 200

主管：张　明　　审核：王　齐　　填制：王　锐

26. 分配结转本月职工医疗保险费用7 120元。

职工医疗保险费计算汇总表

2008年6月30日　　单位：元

车间、部门		应计工资	比率（%）	应交医疗保险费
车间	第一车间工人	30 000	10	3 000
	第二车间工人	20 000	10	2 000
	小　计	50 000	10	5 000
车间管理人员		5 000	10	500
厂部管理人员		10 200	10	1 020
专设销售机构人员		6 000	10	600
合　计		71 200	10	7 120

主管：张　明　　审核：王　齐　　填制：王　锐

27. 分配结转本月职工养老保险费用 8 544 元。

职工养老保险费计算汇总表

2008 年 6 月 30 日　　单位：元

车间、部门		应计工资	比率（%）	应交养老保险费
车间	第一车间工人	30 000	12	3 600
	第二车间工人	20 000	12	2 400
	小　计	50 000	12	6 000
车间管理人员		5 000	12	600
厂部管理人员		10 200	12	1 224
专设销售机构人员		6 000	12	720
合　　计		71 200	12	8 544

主管：张　明　　审核：王　齐　　填制：王　锐

28. 分配结转本月职工失业保险费用 1 424 元。

职工失业保险费计算汇总表

2008 年 6 月 30 日　　单位：元

车间、部门		应计工资	比率（%）	应交失业保险费
车间	第一车间工人	30 000	2	600
	第二车间工人	20 000	2	400
	小　计	50 000	2	1 000
车间管理人员		5 000	2	100
厂部管理人员		10 200	2	204
专设销售机构人员		6 000	2	120
合　　计		71 200	2	1 424

主管：张　明　　审核：王　齐　　填制：王　锐

29. 分配结转本月住房公积金 5 696 元。

职工住房公积金计算汇总表

2008 年 6 月 30 日　　　　单位：元

车间、部门		应计工资	比率（%）	应交住房公积金
车间	第一车间工人	30 000	8	2 400
	第二车间工人	20 000	8	1 600
	小　计	50 000	8	4 000
车间管理人员		5 000	8	400
厂部管理人员		10 200	8	816
专设销售机构人员		6 000	8	480
合　　计		71 200	8	5 696

主管：张　明　　　　审核：王　齐　　　　填制：王　锐

30. 分配结转本月工会经费。

工会经费计算汇总表

2008 年 6 月 30 日　　　　单位：元

车间、部门		应计工资	比率（%）	应交工会经费
车间	第一车间工人	30 000	1	300
	第二车间工人	20 000	1	200
	小　　计	50 000	1	500
车间管理人员		5 000	1	50
厂部管理人员		10 200	1	102
专设销售机构人员		6 000	1	60
合　　计		71 200	1	712

主管：张　明　　　　审核：王　齐　　　　填制：王　锐

31. 分配结转本月职工教育经费。

职工教育经费计算汇总表

2008 年 6 月 30 日　　　　　　单位：元

车间、部门		应计工资	比率（%）	应交职工教育经费
车间	第一车间工人	30 000	1.5	450
	第二车间工人	20 000	1.5	300
	小　计	50 000	1.5	750
车间管理人员		5 000	1.5	75
厂部管理人员		10 200	1.5	153
专设销售机构人员		6 000	1.5	90
合　计		71 200	1.5	1 068

主管：张　明　　　　审核：王　齐　　　　填制：王　锐

32. 6 月 30 日，采购员购买一批铝板，尚未付款。

××省增值税专用发票

开票日期：2008 年 6 月 30 日　　　　No. 02226

购货单位			
名　称	龙江电风扇厂	纳税人登记号	130102100120056
地址电话	龙江市和平路 17 号	开户银行及账号	龙商行十五支行 211040065－96

商品名称	计量单位	数量	单价	金额 百	十	万	千	百	十	元	角	分	税率 %	税额 百	十	万	千	百	十	元	角	分
铝　板	吨	10	4 550			4	5	5	0	0	0	0	17				7	7	3	5	0	0
					¥	4	5	5	0	0	0	0				¥	7	7	3	5	0	0

价税合计（大写）：伍万叁仟贰佰叁拾伍元整　¥：53 235.00 元

销货单位			
名称	龙德铝材厂	纳税人登记号	2505032003740062
地址电话	南岗路 32 号	开户银行及账号	商业银行六分行 254274017－38

第三联　购货方记账凭证

收款人：张淑萍　　　　开票单位（未盖章无效）　　　　结算方式：电汇

材料入库通知单

龙江电风扇厂　　2008 年 6 月 30 日　　No. 73550

材料名称	材质	规格	单位	数量		单价	金额	运杂费	金额合计	发货单位	
				凭证	实收					龙德	
铝板		ϕ2mm	吨	1	10	45 500.00			45 500.00	合同号	
合计									¥45 500.00		

第二联 记账联

财务主管：张锡明　供应科长：岳景峰　仓库验收：赵秀香　采购员：张　宁

33. 经清查，发现原材料盘亏 0.05 吨。

原材料盘盈（亏）报告单

2008 年 6 月 30 日

材料编号	名称	规格	单位	数量		单价	盘盈		盘亏		原因
				账存	实存		数量	金额	数量	金额	
	塑料板	1cm	吨	1	0.95	4 000			0.05	200	
	合计									¥200	

主管：张　明　保管员：赵秀香　经手人：张　明

34. 计提本月固定资产折旧。

固定资产折旧计算表

2008 年 6 月　　　　单位：元

使用单位	固定资产类别	月初原值	折旧率（%）	月折旧额
生产车间	厂房	2 500 000	1	25 000
	机器设备	1 537 000	1	15 370
	运输工具	500 000	1	5 000
	小计	4 537 000		45 370
行政管理部门	房屋建筑物	1 000 000	1	10 000
	办公设备	200 000	1	2 000
	小计	1 200 000		12 000
合　计		5 737 000		57 370

制单：张锡明　　　　复核：张　明

35. 缴纳 6 月份医保费 7 120 元。

同城特约委托收款凭证（付款通知）　第　号

委托日期　2008 年 6 月 30 日　　　委托号码：0777

<table>
<tr><td rowspan="3">付款人</td><td>全称</td><td colspan="3">龙江电风扇厂</td><td rowspan="3">收款人</td><td>全称</td><td colspan="3">龙江市社保基金管理中心</td></tr>
<tr><td>账号</td><td colspan="3">211040065－96</td><td>账号</td><td colspan="3">211046666－99</td></tr>
<tr><td>开户银行</td><td>龙商行十五支行</td><td>交换号</td><td></td><td>开户银行</td><td>龙商行一支行</td><td>交换号</td><td></td></tr>
<tr><td colspan="2">委收金额</td><td colspan="4">人民币（大写）柒仟壹佰贰拾元整</td><td colspan="4">百 十 万 千 百 十 元 角 分
¥ 7 1 2 0 0 0</td></tr>
<tr><td colspan="2">款项内容</td><td>合同号</td><td colspan="3"></td><td colspan="4">收款人联系电话</td></tr>
<tr><td colspan="2">2008 年 6 月 医保费
基本统筹：5 200.00
大额互助：1 920.00</td><td colspan="2">备注：</td><td colspan="3">

收款人签章</td><td colspan="3">付款人开户银行盖章

年　月　日</td></tr>
</table>

龙江商业银行十五支行
2008. 6. 30
（实习模拟）
转讫
（15）

此联是付款人开户行给付款人按期付款的通知

36. 6月30日，摊销本月应负担的车间设备保险费11 175元，其中：车间7 600元，厂部3 575元。

长期待摊费用分配表

2008年6月30日　　单位：元

	财产保险费		
	实际支付	分摊期（月）	本期计提
生产车间	182 400.00	24	7 600.00
企业管理部门	85 800.00	24	3 575.00
合　计	268 200.00	—	11 175.00

主管：张　明　　审核：王　齐　　制表：王　锐

37. 6月30日，结转本月制造费用，按生产工人工资比例分配。

制造费用分配表

车间：生产车间　　2008年6月30日　　单位：元

分配对象	分配标准（生产工人工资）	分配率	制造费用分配金额
落地扇	30 000.00	1.159	34 770.00
吊扇	20 000.00	1.159	23 180.00
合　计	50 000.00	1.159	57 950.00

主管：张　明　　审核：王　齐　　制表：王　锐

38. 6 月 30 日，结转生产完工验收入库产品成本。

完工产品成本计算表

2008 年 8 月 30 日　　　　单位：元

成本项目	(45cm) 落地扇 (5 000 台)			(75cm) 吊扇 (3 000 台)		
	总成本	完工率	完工产品成本	总成本	完工率	完工产品成本
直接材料	131 500	0.95	124 925	77 610	0.95	73 729.5
直接人工	40 350	0.95	38 332.5	26 900	0.95	25 555
其他直接支出			0			0
制造费用	39 330	0.95	37 363.5	26 220	0.95	24 909
合　计	211 180		200 621	130 730		124 193.5

主管：张　明　　　　审核：王　齐　　　　制表：王　锐

产品入库单

入库单位：第一车间　　　　2008 年 6 月 30 日　　　　No 73568

编号	品名	规格	单位	数量	单价	金额									备注
						百	十	万	千	百	十	元	角	分	
	落地扇	45cm	台	5 000	40.1242		2	0	0	6	2	1	0	0	
合计						¥	2	0	0	6	2	1	0	0	

第三联记账联

经理：张　明　　会计主管：张锡明　　仓库保管：赵秀香　经办人：刘　健

产品入库单

入库单位：第二车间　　　　2008 年 6 月 25 日　　　　No 73569

编号	品名	规格	单位	数量	单价	金额									备注
						百	十	万	千	百	十	元	角	分	
	吊扇	75cm	台	3 000	41.3978		1	2	4	1	9	3	5	0	
合计						¥	1	2	4	1	9	3	5	0	

第三联记账联

经理：张　明　　会计主管：张锡明　　仓库保管：赵秀香　经办人：刘　健

39. 计算本月应付利息

利息计算单

单位：龙江电扇厂　　2008 年 6 月　　单位：元

借款项目	金额	借款时间—还款时间	已计利息	本期利息
短期借款	1 000 000	略	略	5 555
长期借款	1 124 624	略	略	56 235
合计				61 790

（二）实验程序

根据经济业务发生的时间顺序，填制相应的收款凭证、付款凭证和转账凭证。凭证的编号应该根据实验模块三中该企业中旬的科目汇总表（见表 6－17）的编号，顺序编列。

（三）实验设计

本实验模块只是该企业 6 月下旬的经济业务，上旬和中旬的经济业务已经汇总登记了科目汇总表，因此完成本模块的会计核算，填制相应的会计凭证，将是形成 6 月下旬科目汇总表的前提，本模块是完成综合实验后续任务的基础。

本实验需要收款凭证、付款凭证和转账凭证，凭证填制完成后，应该装订成册，实验时间约需 180 分钟。

实验模块二

日记账和明细分类账的登记

（一）实验资料

1. 龙江电风扇厂2008年6月1～20日库存现金日记账、银行存款日记账登记汇总情况，见表6－1、表6－2。

2. 6月1～20日有关应收账款明细账、应付账款明细账、应付职工薪酬明细账、管理费用明细账、原材料明细账登记汇总情况，见表6－3～表6－14。

3. 6月20～30日发生的有关经济业务及其原始凭证、记账凭证见实验模块一。

表6－1 **库存现金日记账**

单位：元

2008年		凭证号	摘要	对方科目	借方	贷方	余额
月	日						
6	1	（略）	期初余额				3 056
	1		购办公用品	管理费用		600	
	2		付招待费	管理费用		700	
	3		报销梁明差旅费	管理费用		1 200	
	9		提现	银行存款	3 000		
	9		垫付运费	应收账款		2 450	
	11		提现	银行存款	5 000		
	11		垫付运费	应收账款		4 900	

表 6－2

银行存款日记账

单位：元

2008 年 月	日	凭证号	摘要	对方科目	借方	贷方	余额
6	1	（略）	期初余额				696 640
	4		支付工资	应付职工薪酬		71 200	
	8		长乐公司还款	应收账款	100 000		
	9		提现	库存现金		3 000	
	9		北方商贸还款	应收账款	75 000		
	11		提现	库存现金		5 000	
	12		支付广告费	销售费用		20 000	
	17		收取购货款	主营业务收入	1 106 000		
	18		长乐公司还款	应收账款	110 300		
	19		长乐公司还款	应收账款	200 000		
	20		长乐公司还款	应收账款	387 450		
	20		支付设备维修费	制造费用		5 855	
	20		缴纳增值税	应交税费		50 600	
	20		缴纳所得税	应交税费		205 000	

表 6－3

应收账款明细账

二级科目或明细科目：长乐公司　　单位：元

2008 年 月	日	凭证号	摘要	借方	贷方	借或贷	余额
6	1		期初余额			借	210 300
	8		收到还款		100 000		
	9		赊销	587 450			
	17		赊销	1 000 000			
	18		收到还款		110 300		
	19		收到还款		200 000		
	20		收到还款		387 450		

表 6－4 **应收账款明细账**

二级科目或明细科目：北方商贸 单位：元

2008 年		凭证号	摘要	借方	贷方	借或贷	余额
月	日						
6	1		期初余额			借	75 000
	9		收到还款		75 000		
	10		赊销	702 000			
	11		赊销	1 174 900			
	15		赊销	702 000			

表 6－5 **应付账款明细账**

二级科目或明细科目：龙塑板材厂 单位：元

2008 年		凭证号	摘要	借方	贷方	借或贷	余额
月	日						
6	1		期初余额			贷	328 230
	5		赊购		45 630		

表 6－6 **应付账款明细账**

二级科目或明细科目：龙德铝材厂 单位：元

2008 年		凭证号	摘要	借方	贷方	借或贷	余额
月	日						
6	1		期初余额			贷	50 310
	11		赊购		77 220		

表 6－7

应付职工薪酬明细账

二级科目或明细科目：工资 单位：元

2008年		凭证号	摘要	借方	贷方	借或贷	余额
月	日						
6	1		期初余额			贷	71 200
	4		支付	71 200			0

表 6－8

应付职工薪酬明细账

二级科目或明细科目：工会经费 单位：元

2008年		凭证号	摘要	借方	贷方	借或贷	余额
月	日						
6	1		期初余额			贷	42 720

表 6－9

应付职工薪酬明细账

二级科目或明细科目：职工教育经费 单位：元

2008年		凭证号	摘要	借方	贷方	借或贷	余额
月	日						
6	1		期初余额			贷	12 816

表 6－10

管理费用明细账

二级科目或明细科目：办公费 单位：元

2008年		凭证号	摘要	借方	贷方	借或贷	余额
月	日						
6	1		购办公用品	600		借	600

表 6－11

管理费用明细账

二级科目或明细科目：招待费　　单位：元

2008 年		凭证号	摘要	借方	贷方	借或贷	余额
月	日						
6	2		付招待费	700		借	700

表 6－12

管理费用明细账

二级科目或明细科目：差旅费　　单位：元

2008 年		凭证号	摘要	借方	贷方	借或贷	余额
月	日						
6	3		报销梁明差旅费	1 200		借	1 200

表 6－13

原材料明细账

类别：　　计量单位：吨

品名和规格：塑料板（1cm 型）　　存放地点：1#库

编号：

2008 年		凭证字号	摘　要	收　入			发　出			结　存		
月	日			数量	单价	金额	数量	单价	金额	数量	单价	金额
6	1		期初余额							5	3 800	19 000
	5		购入	10	3 900	39 000				5 10	3 800 3 900	19 000 39 000
	6		第二车间领用				5	3 800	19 000	10	3 900	39 000
	15		第二车间领用				5	3 900	19 500	5	3 900	19 500

表 6－14

原材料明细账

类别：　　　　　　　　　　　　　　　　　　　　　　　　计量单位：吨

品名和规格：铝板（2cm 型）　　　　　　　　　　　　　　存放地点：2#库

编号：

2008 年		凭证字号	摘要	收入			发出			结存		
月	日			数量	单价	金额	数量	单价	金额	数量	单价	金额
6	1		期初余额							10	4 300	43 000
	2		第一车间领用				5	4 300	21 500	5	4 300	21 500
	11		购入	15	4 400	66 000				5 15	4 300 4 400	21 500 66 000
	12		第一车间领用				5 5	4 300 4 400	21 500 22 000	10	4 400	44 000

（二）实验要求

根据实验模块一编制的有关记账凭证，逐日逐笔登记库存现金日记账、银行存款日记账和各有关的明细分类账，并进行结账。

（三）实验设计

1. 登记账簿前要求学生对编制的记账凭证交换审核，以确保账簿登记的正确性。

2. 登记账簿时应明确账簿登记的基本要求，做到按规则登记账簿。

3. 实验时间约需 160 分钟。

4. 本项实验需三栏式账页、数量金额式账页。分别登记库存现金日记账、银行存款日记账和各有关的明细分类账。

实验模块三

科目汇总表账务处理程序

（一）实验资料

1. 龙江电风扇厂2008年6月初，各总分类账户的期初余额见表6－15。

2. 该厂6月1～10日的科目汇总表，见表6－16；6月11～15日的科目汇总表，见表6－17。

3. 该厂6月21～30日发生的各项经济业务，见实验模块一。

表6－15 **总分类账户期初余额**

单位：元

账户名称	借方余额	账户名称	贷方余额
库存现金	3 056	短期借款	500 000
银行存款	696 640	应付票据	20 000
应收账款	285 300	应付账款	378 540
其他应收款	4 180	应付职工薪酬	126 736
原材料	62 000	应交税费	255 600
库存商品	2 197 274	应付利息	30 000
长期投资	600 000	长期借款	1 124 624
固定资产	5 737 000	实收资本	5 000 000
无形资产	550 000	资本公积	600 000
长期待摊费用	67 050	盈余公积	750 000
		利润分配	240 000
		累计折旧	1 177 000
合计	10 202 500	合计	10 202 500

表 6-16

科目汇总表

2008 年 6 月 1～10 日　　　　单位：元

会计科目	过账	本期发生额		记账凭证起讫号数
		借方	贷方	
库存现金		3 000	4 950	1. 现金付款凭证自第 1 号至第 1 号 2. 现金付款凭证自第 1 号至第 4 号 3. 银行收款凭证自第 1 号至第 2 号 4. 银行付款凭证自第 1 号至第 2 号 5. 转账凭证自第 1 号至第 5 号
银行存款		175 000	74 200	
应收账款		1 289 450	175 000	
原材料		39 000	40 500	
生产成本		40 500		
库存商品			330 000	
应付账款			45 630	
应付职工薪酬		71 200		
应交税费		6 630	187 000	
主营业务收入			1 100 000	
主营业务成本		330 000		
管理费用		2 500		
合　计		1 957 280	1 957 280	

表 6-17

科目汇总表

2008 年 6 月 11～20 日　　　　单位：元

会计科目	过账	本期发生额		记账凭证起讫号数
		借方	贷方	
库存现金		5 000	4 900	1. 现金收款凭证自第 2 号至第 3 号 2. 现金付款凭证自第 5 号至第 6 号 3. 银行收款凭证自第 3 号至第 6 号 4. 银行付款凭证自第 3 号至第 7 号 5. 转账凭证自第 6 号至第 12 号
银行存款		1 803 750	286 455	
应收账款		2 876 900	697 750	
原材料		66 000	63 000	
生产成本		63 000		
制造费用		5 855		
库存商品			900 000	
应付账款			77 220	
应付职工薪酬				
应交税费		266 820	578 000	
主营业务收入			3 400 000	
主营业务成本		900 000		
销售费用		20 000		
合计		6 007 325	6 007 325	

表 6－18

科目汇总表

2008 年 6 月 21～30 日　　　　单位：元

会计科目	过账	本期发生额		记账凭证起讫号数
		借方	贷方	
				1. 现金收款凭证自第　号至第　号 2. 现金付款凭证自第　号至第　号 3. 银行收款凭证自第　号至第　号 4. 银行付款凭证自第　号至第　号 5. 转账凭证自第　号至第　号

表 6－19

总分类账户本期发生额及余额试算平衡表

2008 年 6 月 30 日　　　　单位：元

账户名称	期初余额		本期发生额		期末余额	
	借方	贷方	借方	贷方	借方	贷方
合　　计						

（二）实验程序

1. 开设总分类账户并登记月初余额。

2. 根据实验模块一的记账凭证编制 6 月 21 ~ 30 日的科目汇总表。

3. 根据该月份的科目汇总表登记总分类账户，并进行结账。

（三）实验设计

1. 各总分类账户根据科目汇总表每 10 天汇总登记一次。

2. 月末结账后，应进行试算平衡，检查总分类账户登记是否正确。

3. 实验时间约需 120 分钟。

4. 本项实验需三栏式总账账页、科目汇总表和试算平衡表。

财务报表的编制

（一）实验资料

龙江电风扇厂2008年6月份各损益账户本期发生额及有关总分类账户月末余额，见实验模块三。

（二）实验要求

编制龙江电风扇厂2008年6月份的资产负债表和利润表。

资产负债表

会企01表

编制单位： 年 月 日 单位：元

资产	年初余额	期末余额	负债和所有者权益（或股东权益）	年初余额	期末余额
流动资产：			流动负债：		
货币资金			短期借款		
交易性金融资产			交易性金融负债		
应收票据			应付票据		
应收账款			应付账款		
预付款项			预收款项		
应收利息			应付职工薪酬		
应收股利			应交税费		
其他应收款			应付利息		
存货			应付股利		

续表

资产	年初余额	期末余额	负债和所有者权益（或股东权益）	年初余额	期末余额
一年内到期的非流动资产			其他应付款		
其他流动资产			一年内到期的非流动负债		
流动资产合计			其他流动负债		
非流动资产：			流动负债合计		
可供出售金融资产			非流动负债：		
持有至到期投资			长期借款		
长期应收款			应付债券		
长期股权投资			长期应付款		
投资性房地产			专项应付款		
固定资产			预计负债		
在建工程			递延所得税负债		
工程物资			其他非流动负债		
固定资产清理			非流动负债合计		
生产性生物资产			负债合计		
油气资产			所有者权益（或股东权益）：		
无形资产			实收资本（或股本）		
开发支出			资本公积		
商誉			减：库存股		
长期待摊费用			盈余公积		
递延所得税资产			未分配利润		
其他非流动资产			所有者权益（或股东权益）合计		
非流动资产合计					
资产总计			负债和所有者权益（或股东权益）总计		

利润表

会企02表

编制单位： 年 月 单位：元

项 目	本期金额	本年金额
一、营业收入		
减：营业成本		
营业税金及附加		
销售费用		
管理费用		
财务费用		
资产减值损失		
加：公允价值变动收益（损失以“－”号填列）		
投资收益（损失以“－”号填列）		
其中：对联营企业和合营企业的投资收益		
二、营业利润（亏损以“－”号填列）		
加：营业外收入		
减：营业外支出		
其中：非流动资产处置损失		
三、利润总额（亏损总额以“－”号填列）		
减：所得税费用		
四、净利润（净亏损以“－”号填列）		
五、每股收益：		
（一）基本每股收益		
（二）稀释每股收益		

（三）实验设计

本项实验需资产负债表、利润表各1张，实验时间约需100分钟。